PAUL BOURGET

ESSAIS

DE

PSYCHOLOGIE

CONTEMPORAINE

BAUDELAIRE — M. RENAN
FLAUBERT — M. TAINE — STENDHAL

TROISIÈME ÉDITION

PARIS

ALPHONSE LEMERRE, ÉDITEUR

27-31, PASSAGE CHOISEUL, 27-31

MDCCCLXXXV

ESSAIS

DE

PSYCHOLOGIE

CONTEMPORAINE

PAUL BOURGET

ESSAIS

DE

PSYCHOLOGIE

CONTEMPORAINE

BAUDELAIRE — M. RENAN
FLAUBERT — M. TAINE — STENDHAL

TROISIÈME ÉDITION

PARIS

ALPHONSE LEMERRE, ÉDITEUR

27-31, PASSAGE CHOISEUL, 27-31

MDCCCLXXXV.

AVANT-PROPOS

Les cinq chapitres qui composent ce
volume ont paru, l'un après l'autre, dans
la *Nouvelle Revue*, sous le titre, que j'ai
cru devoir leur conserver, d'*Essais de
Psychologie contemporaine*. Le lecteur,
en effet, ne trouvera pas dans ces pages,
consacrées pourtant à l'œuvre littéraire de
cinq écrivains célèbres, ce que l'on peut
proprement appeler de la critique. Les
procédés d'art n'y sont analysés qu'autant
qu'ils sont des *signes*, la personnalité des
auteurs n'y est qu'à peine indiquée, et, je
crois bien, sans une seule anecdote. Je
n'ai voulu ni discuter des talents, ni peindre des caractères. Mon ambition a été
de rédiger quelques notes capables de
servir à l'historien de la Vie Morale pen-

dant la seconde moitié du xixe siècle
français. Cette Vie Morale, comme il arrive dans les sociétés très civilisées, se
compose de beaucoup d'éléments divers.
Je ne crois pas énoncer une vérité bien
neuve en affirmant que la Littérature est
un de ces éléments, le plus important peut-
être, car dans la diminution de plus en plus
évidente des influences traditionnelles et
locales, le *Livre* devient le grand initiateur.
Il r'est aucun de nous qui, descendu au
fond de sa conscience, ne reconnaisse qu'il
n'aurait pas été tout à fait le même s'il n'a-
vait pas lu tel ou tel ouvrage : poème ou
roman, morceau d'histoire ou de philosophie. A cette minute précise, et tandis que
j'écris cette ligne, un adolescent, que je *vois*,
s'est accoudé sur son pupitre d'étudiant
par ce beau soir d'un jour de juin. Les
fleurs s'ouvrent sous la fenêtre, amoureu-
sement. L'or tendre du soleil couché s'é-
tend sur la ligne de l'horizon avec une délicatesse adorable. Des jeunes filles causent
dans le jardin voisin. L'adolescent est pen-

ché sur son livre, peut-être un de ceux dont il est parlé dans ces *Essais*. C'est les *Fleurs du Mal* de Baudelaire, c'est la *Vie de Jésus* de M. Renan, c'est la *Salammbô* de Flaubert, c'est le *Thomas Graindorge* de M. Taine, c'est le *Rouge et le Noir* de Beyle... Qu'il ferait mieux de vivre! disent les sages... Hélas! c'est qu'il vit à cette minute, et d'une vie plus intense que s'il cueillait les fleurs parfumées, que s'il regardait le mélancolique Occident, que s'il serrait les fragiles doigts d'une des jeunes filles. Il passe tout entier dans les phrases de son auteur préféré. Il converse avec lui de cœur à cœur, d'homme à homme. Il l'écoute prononcer sur la manière de goûter l'amour et de pratiquer la débauche, de chercher le bonheur et de supporter le malheur, d'envisager la mort et l'au delà ténébreux du tombeau, des paroles qui sont des révélations. Ces paroles l'introduisent dans un univers de sentiments jusqu'alors aperçu à peine. De cette première révélation à imiter ces sentiments, la distance est faible et l'adolescent ne tarde guère à la franchir. Un grand observateur a dit que beaucoup d'hommes n'auraient jamais été amoureux s'ils n'avaient entendu parler de l'amour. A coup sûr, ils auraient aimé d'une autre façon. Définir quelques-uns des exemplaires de sentiments que certains écrivains de notre époque proposent à l'imitation des tout jeunes gens, et indiquer par hypothèse quelques-unes des causes générales qui ont amené ces écrivains à peindre ces sentiments comme elles amènent leurs lecteurs à les goûter, telle est exactement la matière de ces *Essais*.

Oxford. — 13 Juin 1883.

I

CHARLES BAUDELAIRE

PSYCHOLOGIE
CONTEMPORAINE

CHARLES BAUDELAIRE

Lire les *Fleurs du Mal* à dix-sept ans, lorsqu'on ne discerne point la part de mystification qui exagère en truculents paradoxes quelques idées , par elles-mêmes seulement exceptionnelles, c'est entrer dans un monde de sensations jusqu'alors inconnues. Il est des éducateurs d'âme d'une précision d'enseignement plus rigoureuse que Baudelaire : M. Taine, par exemple, et Henri Beyle. Il n'en est point de plus suggestifs et qui fascinent davantage.

Et tes yeux attirants comme ceux d'un portrait...

a-t-il écrit d'une des femmes coupables dont il a subi la magie; il traîne quelque chose de cette attirance et de ce regard au long de ses vers mystérieux et câlins, ironiques à demi, à demi plaintifs. Des stances de lui poursuivent l'imagination qu'elles inquiètent avec une obsession qui fait presque mal. Il excelle surtout à commencer une pièce par des mots d'une solennité à la fois tragique et sentimentale qu'on n'oublie plus :

> Que m'importe que tu sois sage!
> Sois belle et sois triste...

Et ailleurs :

> Toi qui, comme un coup de couteau,
> Dans mon cœur plaintif es entrée...

Et ailleurs :

> Comme un bétail pensif sur le sable couchées
> Elles tournent leurs yeux vers l'infini des mers...

Par tempérament et par rhétorique, Charles Baudelaire fait flotter un vague halo d'étrangeté autour de ses poèmes, convaincu, comme l'auteur de l'incomparable élégie *To Helen*, Edgard Poë, qu'il n'est de beauté qu'un peu singulière et que l'étonnement est la condition du sortilège poétique. C'est un sortilège, en effet, pour qui ne se rebute pas des complexités de cet art. L'impression est comparable à celle qu'on ressent en présence des figures peintes par le Vinci, avec ce modelé dans la dégradation des teintes qui veloute de mystère le contour du sourire. Une dangereuse curiosité force l'attention et invite aux longues rêveries devant ces énigmes de peintre ou de poète ; — et à regarder longtemps l'énigme livre son secret. Celui de Baudelaire est le secret de plus d'un d'entre nous, — il y a bien des chances pour qu'il devienne le secret ainsi du jeune homme qui se complaît dans cette lecture, inépuisable en révélations.

I

L'ANALYSE DE L'AMOUR DANS BAUDELAIRE

Il y a d'abord dans Baudelaire une conception particulière de l'amour. On la caractériserait assez exactement, semble-t-il, par trois épithètes, d'ordre disparate comme notre société. Baudelaire est tout à la fois, dans ses vers d'amour : mystique, libertin et analyseur. Il est mystique, et un visage d'une idéalité de madone traverse sans cesse les heures sombres ou claires de ses journées, rappelant la présence, en quelque autre univers dont le nôtre ne serait que l'épreuve dégradée et grossière, d'un esprit de femme « lucide et pur, » d'une âme toujours désirable et toujours bienfaisante :

> Elle se répand dans ma vie
> Comme un air parfumé de sel,
> Et dans mon âme inassouvie
> Verse le goût de l'Éternel...

Il est libertin, et des visions dépravées jusqu'au sadisme troublent ce même homme qui vient d'adorer le doigt levé de sa Madone. Les mornes ivresses de la Vénus vulgaire, les capiteuses ardeurs de la Vénus noire, les raffinées délices de la Vénus savante, les criminelles audaces de la Vénus sanguinaire, ont laissé de leur ressouvenir dans les plus spiritualisés de ses poèmes. Il s'échappe un relent d'alcôve infâme de ces deux vers du magnifique *Crépuscule du Matin* :

> Les femmes de plaisir, la paupière livide,
> Bouche ouverte, dormaient de leur sommeil stupide...

Le visage, lustré comme l'ébène, d'une amie

aux dents d'ivoire, aux cheveux crépus, a inspiré cette litanie de tendresse :

> Je t'adore à l'égal de la voûte nocturne,
> O Vase de tristesse, ô grande taciturne...

Des prêtresses païennes eussent reconnu un dévot de leurs fêtes clandestines dans la description de ce boudoir, — fermé par autorité de justice, — où Hippolyte accoude ses lassitudes,

> A la pâle clarté des lampes languissantes
> Sur les profonds coussins tout imprégnés d'odeur...

Et la plus belle pièce du recueil, à mon avis du moins. *la Martyre*. pourrait porter comme épigraphe la sinistre phrase que l'auteur de la *Philosophie dans le boudoir* se proposait d'inscrire sur une des chambres de la petite maison de ses rêves : *Ici l'on torture !...*

> L'homme vindicatif que tu n'as pu, vivante,
>   Malgré tant d'amour, assouvir,
> Combla-t-il sur ta chair inerte et complaisante,
>   L'immensité de son désir ?...

A travers tant d'égarements, où la soif d'une infinie pureté se mélange à la faim dévorante des joies les plus pimentées de la chair, l'intelligence de l'analyseur reste cruellement maîtresse d'elle-même. La mysticité, comme le libertinage, se codifie en formules dans ce cerveau qui décompose ses sensations, avec la précision d'un prisme décomposant la lumière. Le raisonnement n'est jamais entamé par la fièvre qui brûle le sang ou par l'extase qui évoque les chimères. Trois hommes à la fois fois vivent dans cet homme, unissant leurs sensations pour mieux presser le cœur et en exprimer jusqu'à la dernière goutte la sève rouge et chaude. Ces trois hommes sont bien modernes. et plus moderne aussi est leur réunion. La fin d'une foi religieuse, la vie à Paris, et l'esprit scientifique du temps ont contribué à façonner, puis à fondre ces trois sortes de sensibilités, jadis séparées jusqu'à paraître irréductibles l'une à l'autre, et maintenant liées jusqu'à paraître inséparables, au moins dans cette créature, sans analogue avant le xix° siècle français, qui fut Baudelaire.

Les origines, ou mieux les couches successives qui ont fait cette âme sont donc aisées à déterminer, rien qu'en regardant autour de nous. Ne survit-il pas, dans notre siècle d'impiété, assez de catholicisme pour qu'une âme d'enfant s'imbibe d'amour mystique avec une inoubliable intensité? La foi s'en ira, mais le mysticisme, même expulsé de l'intelligence, demeurera dans la sensation. Le décor pieux s'évoque pour Baudelaire aux minutes obscures du crépuscule, avec une suavité qui montre à quelle profondeur le premier frisson de la prière avait crispé son cœur[1]. Le pli ne s'effaça jamais. Tout naturellement le parfum des fleurs s'évapore pour lui en encens. C'est un « reposoir » que le beau ciel, c'est un « ostensoir » que le soleil qui se couche. Si l'homme n'a plus le même besoin intellectuel de croire, il a conservé le besoin de sentir comme aux temps où il croyait. Les docteurs en mysticisme avaient constaté ces permanences de la sensibilité religieuse dans la défaillance de la pensée religieuse. Ils appelaient aussi culte de latrie, — *idololatrie*, d'où *idolatrie*, — l'élan passionné par lequel l'homme reporte sur telle ou telle créature, sur tel ou tel objet, l'ardeur exaltée qui se détourne de Dieu. On peut citer de Baudelaire d'étranges exemples de ce culte; ainsi l'em-

---

1. Voir, dans les *Fleurs du Mal*, la pièce en forme de *pantoum*, intitulée *Harmonie du soir* et numérotée XLVIII.

ploi d'une terminologie liturgique pour s'adresser à une maîtresse et célébrer une volupté :

> Je veux bâtir pour toi, Madone, ma maîtresse,
> Un autel souterrain au fond de ma détresse...

Ou encore cette « prose » curieusement travaillée en style de la décadence latine qu'il a intitulée : *Franciscæ meæ laudes*, et adressée à une modiste érudite et dévote. Ce qui serait chez un autre un blasphème ou un tour de force, est chez lui un procédé que j'appellerais spontané, si le mot spontané pouvait traduire ce qu'il entrait de complication native dans ce subtil et particulier personnage.

Ses goûts de libertin, en revanche, lui vinrent de Paris. Il y a tout un décor du vice parisien, comme il y a tout un décor des rites catholiques, dans la plupart de ses poèmes. Il a traversé, on le voit, et avec quelles hardies expériences, on le devine, tous les mauvais gîtes de la ville impudique. Il a mangé dans les tables d'hôte à côté de filles plâtrées, dont la bouche saigne dans un masque de céruse. Il a dormi dans les maisons d'amour, et connu la rancœur du grand jour éclairant, avec les rideaux flétris, le visage plus flétri de la femme ven-

due. Il a poursuivi, à travers toutes les excita-
tions et avec une âpreté de luxure qui touche
à la manie, le spasme sans réflexion qui monte
des nerfs jusqu'au cerveau, et, pour une seconde, guérit du mal de penser. Et en même
temps il a causé à tous les coins des rues de
cette ville monstrueuse, il a mené l'existence
du littérateur qui étudie toujours, et il a conservé, que dis-je ? il a aiguisé le tranchant de
son intelligence là où d'autres auraient à jamais émoussé leur esprit; et de ce triple travail
est sorti, avec la conception d'un amour à la
fois mystique, sensuel et intelligent, le flot de
spleen le plus âcre et le plus corrosif qui ait
depuis longtemps jailli d'une âme d'homme.

II

LE PESSIMISME DE BAUDELAIRE

C'est Lamennais qui s'écria un jour : « Mon
âme est née avec une plaie. » Baudelaire aurait
pu s'appliquer cette phrase. Il était d'une race
condamnée au malheur. C'est l'écrivain peut-
être au nom duquel a été accolée le plus sou-

vent l'épithète de « malsain. » Le mot est juste, si l'on signifie par là que les passions du genre de celle que nous venons d'indiquer trouvent malaisément des circonstances adaptées à leurs exigences. Il y a désaccord entre l'homme et le milieu. Une crise morale en résulte et une torture du cœur. Mais le mot « malsain » est inexact, si l'on entend par là opposer un état naturel et régulier de l'âme, qui serait la santé, à un état corrompu et artificiel, qui serait la maladie. Il n'y a pas à proprement parler de maladies du corps, disent les médecins ; il n'y a que des états physiologiques, funestes ou bienfaisants, toujours normaux, si l'on considère le corps humain comme l'appareil où se combine une certaine quantité de matière en évolution. Pareillement, il n'y a ni maladie ni santé de l'âme, il n'y a que des états psychologiques, au point de vue de l'observateur sans métaphysique, car il n'aperçoit dans nos douleurs et dans nos facultés, dans nos vertus et dans nos vices, dans nos volitions et dans nos renoncements, que des combinaisons, changeantes, mais fatales et partant normales, soumises aux lois connues de l'association des idées. Un préjugé seul, où réapparaissent la doctrine antique des causes finales et la croyance à un but défini de l'univers, peut nous faire considérer comme naturels et sains les amours de Daphnis et de Chloë dans le vallon, comme artificiels et malsains les amours d'un Baudelaire dans le boudoir qu'il décrit, meublé avec un souci de mélancolie sensuelle :

> Les riches plafonds
> Les miroirs profonds,
> La splendeur orientale,
> Tout y parlerait
> A l'âme en secret
> Sa douce langue natale...

Seulement, les combinaisons d'idées compliquées ont plus de chance de ne pas rencontrer des circonstances appropriées à leur complication. Celui que ses habitudes ont conduit à un rêve du bonheur fait de beaucoup d'exclusions, souffre de la réalité, qu'il ne peut pétrir au gré de son désir : « La force par laquelle nous persévérons dans l'existence est bornée et la puissance des causes extérieures la surpasse infiniment... » Ce théorème de l'*Éthique* est l'explication du spleen du subtil

Baudelaire comme du « mal du siècle », comme du pessimisme. Quand la créature humaine est très civilisée, elle demande aux choses d'être selon son cœur, rencontre d'autant plus rare que le cœur est plus curieusement raffiné, et l'irrémédiable malheur apparaît.

Certes, l'ennui a toujours été le ver secret des existences comblées. D'où vient cependant que ce « monstre délicat [1] » n'ait jamais plus énergiquement bâillé sa misère que dans la littérature de notre siècle où se perfectionnent tant de conditions de la vie, si ce n'est que ce perfectionnement même, en compliquant aussi nos âmes, nous rend inhabiles au bonheur ? Ceux qui croient au progrès n'ont pas voulu apercevoir cette terrible rançon de notre bien-être mieux assis et de notre éducation plus complète. Ils ont reconnu dans l'assombrissement de notre littérature un effet passager des secousses sociales de notre âge, comme si d'autres secousses, et d'une autre intensité de bouleversement des destinées privées, avaient produit ce même résultat d'incapacité de bonheur chez tous les conducteurs de la gé-

1. Tu le connais, lecteur, ce monstre délicat. — **Prologue** des *Fleurs du Mal.*

nération. Il me semble plus vraisemblable de
regarder la mélancolie comme l'inévitable
produit d'un désaccord entre nos besoins de
civilisés et la réalité des causes extérieures; —
d'autant que, d'un bout à l'autre de l'Europe,
la société contemporaine présente les mêmes
symptômes, nuancés suivant les races, de cette
mélancolie et de ce désaccord. Une nausée
universelle devant les insuffisances de ce
monde soulève le cœur des Slaves, des Ger-
mains et des Latins, et se manifeste, chez les
premiers par le nihilisme, chez les seconds par
le pessimisme, chez nous mêmes par de solitaires et bizarres névroses. La rage meurtrière
des conspirateurs de Saint-Pétersbourg, les
livres de Schopenhauer, les furieux incendies
de la Commune et la misanthropie acharnée
des romanciers naturalistes, — je choisis avec
intention les exemples les plus disparates, —
révèlent ce même esprit de négation de la vie
qui, chaque jour, obscurcit davantage la civilisation occidentale. Nous sommes loin, sans
doute, du suicide de la planète, suprême désir des théoriciens du malheur. Mais lentement, sûrement, s'élabore la croyance à la
banqueroute de la nature, qui promet de deve-

nir la foi sinistre du xx⁰ siècle, si la science ou une invasion de barbares ne sauve pas l'humanité trop réfléchie de la lassitude de sa propre pensée.

Ce serait un chapitre de psychologie comparée aussi intéressant qu'inédit que celui qui noterait, étape par étape, la marche des différentes races européennes vers cette tragique négation de tous les efforts de tous les siècles. Il semble que du sang à demi asiatique des Slaves monte à leur cerveau une vapeur de mort qui les précipite à la destruction, comme à une sorte d'orgie sacrée. Le plus illustre des écrivains russes disait devant moi, et à propos des nihilistes militants : « Ils ne croient à rien, mais ils ont besoin du martyre... » La longue série des spéculations métaphysiques sur la cause inconsciente des phénomènes est nécessaire à l'Allemand pour qu'il formule, en dépit de son positivisme pratique, la désolante inanité de l'ensemble de ces phénomènes. Chez les Français, et malgré la déviation extraordinaire de notre tempérament national depuis cent années, le pessimisme n'est qu'une douloureuse exception, de plus en plus fréquente, il est vrai, toujours créée par une destinée

d'exception. Ce n'est que la réflexion individuelle qui amène plusieurs d'entre nous, et
malgré l'optimisme héréditaire, à la négation
suprême. Baudelaire est un des « cas » les
plus réussis de ce travail particulier. Il peut
être donné comme l'exemplaire achevé d'un
pessimiste parisien , deux mots qui jurent
étrangement d'être accouplés. Encore vingt
années et on les emploiera peut-être couramment.

Et d'abord, c'est un pessimiste, ce qui le
distingue nettement des sceptiques tendres
comme Alfred de Musset ou des révoltés fiers
comme Alfred de Vigny. Du pessimiste il a le
trait fatal, le coup de foudre satanique, diraient les chrétiens : l'horreur de l'Être et le
goût, l'appétit furieux du Néant. C'est bien
chez lui le Nirvâna des Hindous retrouvé au
fond des névroses modernes et invoqué, par
suite, avec tous les énervements d'un homme
dont les ancêtres ont agi, au lieu d'être contemplé avec la sérénité hiératique d'un fils du
torride soleil :

Morne esprit, autrefois amoureux de la lutte,
L'Espoir dont l'éperon attisait ton ardeur

> Ne veut plus t'enfourcher. Couche-toi sans pudeur,
> Vieux cheval dont le pied à chaque obstacle butte.
>
> Résigne-toi, mon cœur, dors ton sommeil de brute...

Il faut lire particulièrement, et dans leur détail, les pièces des *Fleurs du Mal* numérotées LXXVIII, LXXIX, LXXX et intitulées *Spleen*, l'avant-dernière strophe dans la pièce numérotée LXXXX et intitulée *Madrigal triste*, et tout l'admirable morceau qui clôt le recueil : *le Voyage*.

> Pour ne pas oublier la chose capitale,
> Nous avons vu partout et sans l'avoir cherché,
> Du haut jusques en bas de l'échelle fatale
> *Le spectacle ennuyeux de l'immortel péché...*

De ces vers s'exhale, non plus la lamentation du regret qui pleure le bonheur perdu, ou du désir qui implore le bonheur lointain, mais l'amère et définitive malédiction jetée à l'existence par le vaincu qui sombre dans l'irréparable nihilisme, — au sens français du terme, cette fois, — et il suffit de reprendre un par un les éléments psychologiques dont nous avons reconnu l'influence sur la conception de l'amour

chez le poète, pour reconstituer l'histoire de ce
« goût du néant » chez le catholique désabusé,
devenu un libertin analyseur.

L'homme a reçu l'éducation du catholicisme,
et le monde des réalités spirituelles lui a été
révélé. Pour beaucoup, cette révélation est
sans conséquence. Ils ont cru en Dieu dans
leur jeunesse, mais à fleur d'esprit. Ils ne le
sentaient pas personnel et vivant. Pour ceux-là,
une foi dans les idées est suffisante, foi abstraite, et qui se prête à toutes sortes de transformations. Il leur faut un dogme, mais non
une vision. A la première croyance en Dieu ils
substitueront la croyance, qui à la Liberté, qui
à l'Ordre Social, qui à la Révolution, qui à la
Science. Chacun de nous peut chaque jour
constater, chez lui-même et chez ses voisins,
des transformations de cet ordre. Il n'en va
pas ainsi pour l'Ame mystique, — et celle de
Baudelaire en était une. Car cette Ame, quand
elle croyait, ne se contentait pas d'une foi dans
une idée. Elle *voyait* Dieu. Il était pour elle,
non pas un mot, non pas un symbole, non pas
une abstraction, mais un Être, en la compagnie
duquel l'Ame vivait comme nous vivons avec
un père qui nous aime, qui nous connaît et

qui nous comprend. L'illusion a été si douce
et si forte, qu'une fois partie, elle n'a plus
laissé de place à des substitutions d'une intensité inférieure. Quand on a connu l'ivresse de
l'opium, celle du vin écœure et paraît mesquine. En s'en allant au contact du siècle, la
foi a laissé dans ces sortes d'âmes une fissure
par où s'écoulent tous les plaisirs. Ç'a été le
sort de Baudelaire. Il faut voir avec quel dédain, — assez inintelligent, avouons-le, comme
tous les dédains, — il malmène les croyants
du second degré, ceux qui font leur Dieu de
l'Humanité ou du Progrès. Quoi de plus naturel alors qu'il éprouve une sensation de vide
devant ce monde où il cherche vainement un
Idéal concret qui corresponde à ce qui lui reste
d'aspirations vers l'au delà? Ce sont alors,
afin de combler ou de tromper ce vide, de furieuses recherches des excitants... Ce sont des
lectures enivrantes comme un opium, de Pro-
clus, de Swedenborg, d'Edgard Poë, de Quin-
cey, de tous les livres en un mot qui ont peint
l'envolement de l'âme « n'importe où, hors du
monde [1] ». Ce sont des opiums excitants

1. C'est le titre d'un des *poèmes en prose* de Baudelaire.

comme des lectures. Ce qu'il faut, à cet assoiffé d'un infini réel, c'est le paradis artificiel
à défaut de la croyance dans un paradis vrai.
C'est encore, en des heures noires, l'essai de
retour au monde mystique par le chemin de
l'épouvante. Mais de ces courses l'Ame revient
plus exténuée, plus persuadée que la religion
n'est qu'un rêve, personnel et mensonger, de
l'homme qui mire son désir dans le néant de la
nature. Nulle angoisse n'est plus terrible pour
un mystique : comprendre que le besoin de
croire est tout subjectif, et que la foi de jadis sor-
tait de nous-même et n'était que notre œuvre !
Et sur le fond vide du ciel se détache la redou-
table et consolante figure de Celle qui affran-
chit de tous les esclavages et délivre de tous les
doutes : la Mort,

> Qui parcourt, comme un prince inspectant sa maison,
> Le cimetière immense et froid, sans horizon,
> Où gisent, aux lueurs d'un soleil blanc et terne,
> Les peuples de l'histoire ancienne et moderne.

Ce même nihilisme est l'aboutissement du
libertinage analytique propre à Baudelaire.
Quelques poètes, et Musset au premier rang,
ont raconté combien la débauche est meur-

trière à l'amour. Baudelaire a plongé plus avant dans la vérité de la nature humaine en racontant combien la débauche est meurtrière au plaisir. Certes, il s'élève, au fond de toute créature née pour la noblesse et qui a mésusé de ses sens, de douloureux et troublants appels vers une émotion sentimentale qui fuit toujours.

Dans la brute assouvie un ange se réveille...

Il y a, de plus, la sinistre incapacité de procurer un entier frisson de plaisir au système nerveux trop surmené. Une indescriptible nuance de spleen, d'un spleen physique celui-là, et comme fait de la lassitude du sang, s'établit chez le libertin qui ne connaît plus l'ivresse. Son imagination s'exalte. Il rêve de souffrir alors, et de faire souffrir, pour obtenir cette vibration intime qui serait l'extase absolue de tout l'être. L'étrange rage qui a produit Néron et Héliogabale le mord au cœur. « L'appareil sanglant de la destruction [1] » rafraîchit seul pour une minute cette fièvre d'une sensualité qui ne se satisfera jamais. Voilà l'homme de

1. Mot de Baudelaire.

la décadence, ayant conservé une incurable nostalgie des beaux rêves de ses aïeux, ayant, par la précocité des abus, tari en lui les sources de la vie, et jugeant d'un regard demeuré lucide l'inguérissable misère de sa destinée, c'est-à-dire, — car voyons-nous le monde autrement qu'à travers le prisme de nos intimes besoins ? — de toute destinée !

III

THÉORIE DE LA DÉCADENCE

Si une nuance très spéciale d'amour, si une nouvelle façon d'interpréter le pessimisme font déjà de la tête de Baudelaire un appareil psychologique d'un ordre rare, ce qui lui donne une place à part dans la littérature de notre époque, c'est qu'il a merveilleusement compris et presque héroïquement exagéré cette spécialité et cette nouveauté. Il s'est rendu compte qu'il arrivait tard dans une civilisation vieillissante, et, au lieu de déplorer cette arrivée tardive, comme La Bruyère et comme Musset [1], il s'en est réjoui, j'allais dire honoré. Il était un homme de décadence, et il s'est fait un théoricien de décadence. C'est peut-être là le trait le plus inquiétant de cette inquiétante figure. C'est peut-être celui qui exerce la plus troublante séduction sur une âme contemporaine.

Par le mot de décadence, on désigne volontiers l'état d'une société qui produit un trop grand nombre d'individus impropres aux travaux de la vie commune. Une société doit être assimilée à un organisme. Comme un organisme, en effet, elle se résout en une fédération d'organismes moindres, qui se résolvent eux-mêmes en une fédération de cellules. L'individu est la cellule sociale. Pour que l'organisme total fonctionne avec énergie, il est nécessaire que les organismes composants fonctionnent avec énergie, mais avec une énergie subordonnée ; et pour que ces organismes

---

1. Tout est dit, et l'on vient trop tard depuis plus de sept mille ans qu'il y a des hommes et qui pensent (*Caractères*).

Je suis venu trop tard dans un monde trop vieux.
(*Rolla.*)

moindres fonctionnent eux-mêmes avec énergie, il est nécessaire que leurs cellules compo-
santes fonctionnent avec énergie, mais avec
une énergie subordonnée. Si l'énergie des cellules devient indépendante, les organismes qui
composent l'organisme total cessent pareillement de subordonner leur énergie à l'énergie
totale, et l'anarchie qui s'établit constitue la
décadence de l'ensemble. L'organisme social
n'échappe pas à cette loi, et il entre en décadence aussitôt que la vie individuelle s'est exa-
gérée sous l'influence du bien-être acquis et de
l'hérédité. Une même loi gouverne le développement et la décadence de cet autre organisme qui est le langage. Un style de décadence est celui où l'unité du livre se décompose
pour laisser la place à l'indépendance de la
page, où la page se décompose pour laisser
la place à l'indépendance de la phrase, et la
phrase pour laisser la place à l'indépendance
du mot. Les exemples foisonnent dans la littérature actuelle qui corroborent cette féconde
hypothèse.

Pour juger d'une décadence, le critique peut
se mettre à deux points de vue, distincts jusqu'à en être contradictoires. Devant une so-

ciété qui se décompose, l'empire romain, par exemple, il peut, du premier de ces points de vue, considérer l'effort total et en constater l'insuffisance. Une société ne subsiste qu'à la condition d'être capable de lutter vigoureusement pour l'existence dans la concurrence des races. Il faut qu'elle produise beaucoup de beaux enfants et qu'elle mette sur pied beaucoup de braves soldats. Qui analyserait ces deux formules y trouverait enveloppées toutes les vertus privées et civiles. La société romaine produisait peu d'enfants; elle en arrivait à ne plus mettre sur pied de soldats nationaux. Les citoyens se souciaient peu des ennuis de la paternité. Ils haïssaient la grossièreté de la vie des camps. Rattachant les effets aux causes, le critique qui examine cette société de ce point de vue général conclut que l'entente savante du plaisir, le scepticisme délicat, l'énervement des sensations, l'inconstance du dilettantisme, ont été les plaies sociales de l'empire romain, et seront en tout autre cas des plaies sociales destinées à miner le corps tout entier. Ainsi raisonnent les politiciens et les moralistes qui se préoccupent de la quantité de force que peut rendre le mécanisme social. Autre sera le point de vue du critique qui considérera ce mécanisme d'une façon désintéressée et non plus dans le jeu de son action d'ensemble. Si les citoyens d'une décadence sont inférieurs comme ouvriers de la grandeur du pays, ne sont-ils pas très supérieurs comme artistes de l'intérieur de leur âme ? S'ils sont malhabiles à l'action privée ou publique, n'est-ce point qu'ils sont trop habiles à la pensée solitaire ? S'ils sont de mauvais reproducteurs de générations futures, n'est-ce point que l'abondance des sensations fines et l'exquisité des sentiments rares en ont fait des virtuoses, stérilisés mais raffinés, des voluptés et des douleurs ? S'ils sont incapables des dévouements de la foi profonde, n'est-ce point que leur intelligence trop cultivée les a débarrassés des préjugés, et qu'ayant fait le tour des idées, ils sont parvenus à cette équité suprême qui légitime toutes les doctrines en excluant tous les fanatismes ? Certes, un chef germain du iie siècle était plus capable d'envahir l'empire qu'un patricien de Rome n'était capable de le défendre ; mais le Romain érudit et fin, curieux et désabusé, tel que nous connaissons l'empereur Hadrien, le César amateur de Tibur, représentait un plus riche trésor d'acquisition humaine. Le grand argument contre les décadences, c'est qu'elles n'ont pas de lendemain et que toujours une barbarie les écrase. Mais n'est-ce pas comme le lot fatal de l'exquis et du rare d'avoir tort devant la brutalité? On est en droit d'avouer un tort de cette sorte et de préférer la défaite d'Athènes en décadence au triomphe du Macédonien violent.

Il en est de même des littératures de décadence. Elles non plus n'ont pas de lendemain. Elles aboutissent à des altérations de vocabulaire, à des subtilités de mots qui rendent le style inintelligible aux générations à venir. Dans cinquante ans, le style des frères de Goncourt, — je choisis des décadents de parti pris, — ne sera compris que des spécialistes. Qu'importe? pourraient répondre les théoriciens de la décadence. Le but de l'écrivain est-il de se poser en perpétuel candidat devant le suffrage universel des siècles? Nous nous délectons dans ce que vous appelez nos corruptions de style, et nous délectons avec nous les raffinés de notre race et de notre heure. Il reste à savoir si notre exception n'est pas une aristocratie, et si, dans l'ordre de l'esthétique, la pluralité des suffrages représente autre chose que la pluralité des ignorances. Outre qu'il est assez puéril de croire à l'immortalité, puisque les temps approchent où la mémoire des hommes, surchargée du prodigieux chiffre des livres, fera banqueroute à la gloire, c'est une duperie de ne pas avoir le courage de son plaisir intellectuel. Complaisons-nous donc dans nos singularités d'idéal et de forme, quitte à nous y emprisonner dans une solitude sans visiteurs. Ceux qui viendront à nous seront vraiment nos frères, et à quoi bon sacrifier aux autres ce qu'il y a de plus intime, de plus spécial, de plus personnel en nous?

Les deux points de vue sont légitimes. Il est rare qu'un artiste ait le courage de se placer résolument au second. Beaudelaire eut ce courage et le poussa jusqu'à la fanfaronnade. Il se proclama décadent et il rechercha, on sait avec quel parti pris de bravade, tout ce qui, dans la vie et dans l'art, paraît morbide et artificiel aux natures plus simples. Ses sensations préférées sont celles que procurent les parfums, parce qu'elles remuent plus que les autres ce je ne sais quoi de sensuellement obscur et triste que nous portons en nous. Sa saison aimée est la fin de l'automne, quand un charme de mélancolie semble ensorceler le ciel qui se brouille et le cœur qui se crispe. Ses heures de délices sont les heures du soir, quand le ciel se colore, comme dans les fonds de tableaux du Vinci, des nuances d'un rose mort et d'un vert quasi agonisant. La beauté de la femme ne lui plaît que précoce et presque macabre de mai-greur, avec une élégance de squelette apparue sous la chair adolescente, ou bien tardive et dans le déclin d'une maturité ravagée :

> ... Et ton cœur, meurtri comme une pêche,
> Est mûr, comme ton corps, pour le savant amour.

Les musiques caressantes et languissantes, les ameublements curieux, les peintures singu-lières sont l'accompagnement obligé de ses pensées mornes ou gaies, « morbides » ou « pétulantes », comme il dit lui-même avec plus de justesse. Ses auteurs de chevet sont ceux dont je citais plus haut le nom, écrivains d'ex-ception qui, pareils à Edgard Poë, ont tendu leur machine nerveuse jusqu'à devenir hallu-cinés, sortes de rhéteurs de la vie trouble dont la langue est « marbrée déjà des verdeurs de la décomposition [1] ». Partout où chatoie ce qu'il appelle lui-même avec une étrangeté ici nécessaire la « phosphorescence de la pourriture », il se sent attiré par un magnétisme invincible. En même temps, son intense dédain du vulgaire éclate en paradoxes outranciers, en mystifications laborieuses. Ceux qui l'ont connu rapportent de lui, pour ce qui touche à ce dernier point, des anecdotes extraordinaires. La part une fois taillée à la légende, il demeure avéré que cet homme supérieur garda toujours quelque chose d'inquiétant et d'énigmatique, même pour les amis intimes. Son ironie douloureuse enveloppait dans un même mépris la sottise et la naïveté, la niaiserie des innocences et la stupidité des péchés. Un peu de cette ironie teinte encore les plus belles pièces du recueil des *Fleurs du Mal,* et chez beaucoup de lecteurs, même des plus fins, la peur d'être dupes de ce grand dédaigneux empêche la pleine admiration.

Tel quel, et malgré les subtilités qui rendent l'accès de son œuvre plus que difficile au grand

---

1. Théophile Gautier. *Étude sur Baudelaire.*

nombre, Baudelaire demeure un des éducateurs féconds de la génération qui vient. Son influence n'est pas aussi aisément reconnaissable que celle d'un Balzac ou d'un Musset, parce qu'elle s'exerce sur un petit groupe. Mais ce groupe est celui des intelligences distinguées : poètes de demain, romanciers déjà en train de rêver la gloire, essayistes à venir. Indirectement et à travers eux, un peu des singularités psychologiques que j'ai essayé de fixer ici pénètre jusqu'à un plus vaste public; et n'est-ce pas de pénétrations pareilles qu'est composé ce je ne sais quoi dont nous disons : l'atmosphère morale d'une époque?

II

M. ERNEST RENAN

M. ERNEST RENAN

M. Ernest Renan a enfin terminé la grande œuvre de sa maturité : l'*Histoire des Origines du Christianisme*. Le livre consacré à Marc-Aurèle a clos cette série d'études religieuses ouverte sur l'attendrissante et mélancolique figure du Crucifié. En même temps qu'il poursuivait l'achèvement de cette longue tâche, avec une persévérance infatigable, le maître-écrivain distribuait de ci de là ses idées d'à côté, si l'on peut dire, en une quantité d'articles de journaux ou de revues : essais à l'occasion d'un volume nouveau, dialogues à la manière de Platon, comédies philosophiques dans la tradition de Shakespeare, lettres à des collègues de l'Institut et à des amis d'Allemagne , menus traités de politique contemporaine. Aucun homme de notre époque n'a exécuté plus complètement le double programme d'une vaste existence intellectuelle : tenir la main à une œuvre d'une longue suite et prêter sa pensée aux accidents de la vie environnante. Un effort aussi complexe peut être considéré sous bien des faces. Un des maîtres de l'exégèse, M. Colani, par exemple, ayant pesé la valeur des arguments fournis par l'auteur de *Marc-Aurèle* sur les diverses questions qu'il a traitées, nous présenterait une analyse critique de l'historien. Un naturaliste des esprits, comme M. Taine, démontrerait, à travers les multiples fantaisies de l'auteur de la *Vie de Jésus*, de la *Réforme intellectuelle* et de *Caliban*, la permanence des deux ou trois facultés maîtresses qui commandent à ces fantaisies. Le titre même de ce livre indique le point de vue, moins défini à la fois et plus spécialement psychologique, auquel je voudrais me placer ici. Je me suis proposé de marquer en quelques-unes de leurs nuances les exemples de sensibilité que des écrivains célèbres de nos jours offrent à l'imagination des jeunes gens qui cherchent à se connaître eux-mêmes à travers les livres. M. Ernest Renan est un de ces écrivains célèbres. Les hasards de la destinée l'ont conduit à représenter à un haut degré deux ou trois états de l'âme, particuliers à notre XIXe siècle finissant. Initiateur d'une séduction d'autant plus troublante qu'elle est moins impérative, à combien d'entre nous a-t-il révélé d'étranges horizons de leur propre cœur ? Combien l'ont lu qui venaient de lire un poème de Baudelaire et en lui demandant une même sorte d'excitation ?...

I

DE LA SENSIBILITÉ DE M. RENAN

Une objection se présente pourtant qu'il faut résoudre pour justifier cette étude tout entière. Prise en son ensemble, l'œuvre de M. Renan est une œuvre de science. Or, est-il légitime de considérer une telle œuvre autrement que du point de vue scientifique ? C'est la prétention des savants, que le résultat de leurs travaux demeure comme indépendant de leur personne. Même cette impersonnalité constitue

le caractère propre de la connaissance scientifique. Si l'acte de connaître, en effet, consiste
à reproduire dans la pensée un groupe lié de
phénomènes, connaître scientifiquement, c'est
reproduire ce groupe avec une correction telle,
que n'importe quelle intelligence exacte doive
le reproduire de la même façon. L'élément
personnel, ou, comme disent les philosophes,
subjectif, est donc par définition écarté de
l'ordre scientifique. La science est ainsi de
tous les temps et de tous les esprits. Elle voit
les objets, suivant l'éloquente formule de Spinoza, « sous le caractère d'éternité. » Mais ce
ne saurait être qu'en éliminant ce que la sensibilité apporte avec elle d'arbitraire à la fois
et de caduc. Par suite, il semble bien qu'il y
ait quelque naïveté, ou quelque ironie, à rechercher la part de la sensibilité dans les travaux d'un savant, puisque précisément dans
cette part de sensibilité, si elle existe, réside ce
que l'effort de ce savant enferme de contraire
à la méthode et de condamné.

L'objection serait irréfutable si les conditions de la connaissance étaient toujours dans
un état de simplicité idéale. Cette simplicité
se réalise en fait lorsqu'une expérience est dis-

posée par un professeur de physique devant
des élèves studieux qui en notent les régulières
étapes. Il y a là, d'une part, un groupe de
phénomènes très nettement déterminés, des
intelligences, d'autre part, très attentivement
préparées. Le problème scientifique ne se pose
plus ainsi lorsqu'au lieu de l'enseignement
d'une découverte analysée, il s'agit d'une recherche à poursuivre. L'objet de la recherche
n'apparaît point avec une netteté définie, et
l'entendement du chercheur n'est plus comparable à une glace nettoyée de ses poussières.
Même le mot d'entendement cesse d'être exact.
L'homme n'a pas trop de toutes ses facultés
pour cette œuvre de création. Car découvrir,
c'est créer. L'imagination entre en branle,
partant l'arrière-fond même du tempérament
dont cette imagination est le raccourci. Un
exemple emprunté aux sciences en apparence
les plus impersonnelles qui soient, montrera
bien comment la diversité des natures se révèle sous l'unité illusoire des méthodes. On
sait que les mathématiciens se distribuent en
deux écoles très distinctes : les analystes et les
géomètres. Les premiers s'occupent surtout
de symboles abstraits et de formules algébri-

ques; ils aiment à en suivre les métamorphoses, à en étudier les propriétés indépendamm-
ment des problèmes concrets, pour la solution
desquels ces symboles pourront être utilisés.
S'ils ont à traiter de tels problèmes, ils s'efforcent d'en faire pénétrer la matière dans quelqu'une de leurs formes, et se hâtent d'oublier
cette matière pour se livrer à leurs déductions
abstraites. Les seconds, au contraire, s'atta-
quent aux problèmes en eux-mêmes et cherchent à les résoudre directement. S'ils se servent de symboles, ce n'est que pour fixer leur
attention. Tandis que les premiers s'étudient
à considérer des formes vides de toute matière, les seconds tâchent de ne jamais perdre de
vue la matière que les formes représentent.
Le psychologue reconnaît dans cette divergence l'effet des deux sortes d'imagination :
l'une qui se représente plutôt des raisonnements que des images concrètes; l'autre, qui
fut celle de Bonaparte et qui est celle de tous
les joueurs d'échecs, capable de se représenter
des portions d'espace et de les voir en toute
leur étendue. Chaque esprit de savant a donc
son allure originale, même dans l'ordre des
connaissances les plus dégagées de la com-

plexité de la vie ; que sera-ce dans l'ordre des connaissances les plus vivantes et les plus complexes qui se puissent concevoir, j'entends les sciences historiques ?

Seul, le fait de se passionner pour cet ordre de connaissances est un indice de préoccupations très particulières, et, à travers les steppes démesurés des siècles morts, le soin que le chercheur a pris de planter sa tente à telle ou telle place est un second indice où se révèle souvent tout le secret d'une âme. Qui ne comprend que l'histoire de Port-Royal devait tenter vers les trente ans le poète fatigué des désordres de ses sens qui avait écrit les *Consolations*, l'Épicurien d'émotions mystiques qui s'était complu dans les analyses de *Volupté*, le dissecteur de consciences qui avait déjà étudié les « cas » des premiers *Portraits?* Ajoutez qu'un sujet d'histoire une fois choisi, la méthode reste à choisir, tant de recherche que d'exposition : choix plus personnel encore et que nul traité de logique ne saurait imposer, car c'est ici la fonction de l'art. Ajoutez enfin que, chez l'historien digne de ce nom, tout le travail préparatoire aboutit à une évocation des créatures qui ont vécu, et que cette évocation se subordonne nécessairement à la sensibilité de l'évocateur. Est-il un ancien soldat, comme Stendhal, inquiété par le problème de la production de l'énergie, et doué du pouvoir de se figurer des états de volition? Il choisira, comme l'auteur des *Chroniques italiennes*, des époques d'énergie à outrance, le xv⁰ siècle ou le xvi⁰, et les documents lui serviront à ressusciter les états de volition propres aux personnages de ces époques. Un Michelet, lui, visionnaire maladif, inquiété par le problème de la production du sentiment et doué du pouvoir de se figurer avec une sympathie divinatoire des tendresses et des douleurs, s'attardera de préférence aux époques d'exaltation enthousiaste et frémissante. Il apercevra, sous la lettre des documents, les extases et les défaillances, tous les profonds troubles nerveux qui remuaient ses frères de jadis. Nous avons beau colliger des documents avec une patience de Bénédictin, les vérifier et les classer avec un scrupule d'anatomiste, ces documents ne sont, en dernier ressort, que des auxiliaires de notre imagination. Ils n'en transforment pas l'essence. Quand des textes authentiques nous ont révélé les faits et gestes d'un personnage ancien ou moderne, il nous reste à pénétrer, par une intuition qui ressemble au travail du poète ou du romancier, dans l'intérieur de l'âme de ce personnage. Il faut qu'une vision surgisse en nous, laquelle ne saurait être d'une autre espèce que les visions qui nous hantent lorsque les noms de nos parents ou de nos amis sont prononcés. C'est assez dire que cette vision a ses insuffisances et ses exagérations spéciales, que les traits physiques ou les traits moraux prédominent, et que ces traits physiques ou ces traits moraux éveillent en nous certaines répugnances ou certaines complaisances.

Plus personnelle encore sera cette vision, et plus émue, si le sujet choisi enveloppe quelques problèmes essentiels du temps dont nous sommes. On peut comprendre qu'un écrivain se hausse jusqu'à une impartialité presque absolue en traçant le récit des campagnes d'Annibal. Il n'en ira pas ainsi lorsqu'il s'agira du détail d'une de ces révolutions d'idées qui nous atteignent nous mêmes au vif de notre existence morale. L'histoire à laquelle M. Renan a voué les efforts de son âge mûr est de celles qu'on ne saurait aborder sans y mêler ainsi sa chair et son sang. Lorsqu'on est l'enfant d'une mère pieuse qui s'agenouillait sur la pierre des églises aux heures où elle conçut votre âme, lorsqu'on a soi-même, durant les années de la jeunesse, aperçu à l'horizon de ses rêveries la colline du Golgotha et les croix dressées, lorsqu'on a déraciné de soi la croyance au prix de la lutte la plus tragique et avec la sensation qu'il y allait de la vie éternelle, certes l'histoire de Celui qu'on appela Son Rédempteur et Son Christ ne saurait être étudiée avec l'indépendance de cœur d'un chimiste considérant un précipité. J'affirme même qu'elle ne le doit pas, et que, dans l'analyse des grands bouleversements moraux de l'humanité, l'indifférence impassible est ce qu'il y a de moins intelligent, partant de moins scientifique. Si les médecins distingués nous paraissent souvent de très mauvais juges de la vie psychologique, c'est précisément qu'ils jugent cette vie par le dehors et qu'aucune sympathie ne les introduit dans l'intime domaine du sentiment. Le martyrologe ne semblera-t-il point un recueil d'indéchiffrables extravagances au regard de celui qui n'aura jamais éprouvé les nostalgiques délices de la folie de la Croix ? Il faut cependant que cette folie soit passée pour que l'intelligence et la sensibilité s'équilibrent dans une proportion qui permette la sympathie, mais lucide, et l'analyse, mais tendre. La rencontre est rare et vaut qu'on la signale non point comme une faiblesse, mais comme une force, et ce n'est pas manquer de respect au consciencieux effort de M. Renan que de distinguer chez lui cette part de l'imagination sentimentale, grâce à laquelle il a compris que l'histoire n'est pas, suivant la phrase du grand Anglais Carlyle, « une misérable chose morte, bonne pour être fourrée dans des bouteilles de Leyde et vendue sur des comptoirs. *C'est une chose vivante, une chose ineffable et divine...* » Cette *Histoire des Origines du Christianisme* est, en effet, un livre d'où la vie déborde et qui laisse voir à la fois toutes les âmes des martyrs morts et l'âme de l'écrivain qui raconte leur agonie. Elle est toute semblable à ces pieuses cènes de la Renaissance où l'artiste peignait son propre visage parmi ceux qui se pressaient autour du Seigneur. C'est cette âme et ce visage qu'il convient de caractériser, afin de montrer quelles nécessités ont conduit ce savant à représenter si fortement quelques-unes des tendances sentimentales de notre époque.

3.

Je disais que le choix seul d'un sujet d'histoire pouvait être considéré comme l'indice d'une sensibilité tout entière. Il n'est pas besoin d'une grande habitude de ces sortes de réflexions pour reconnaître dans les titres mêmes des volumes publiés par M. Renan la preuve indiscutable qu'une sensibilité toute religieuse a conduit l'écrivain, et que son imagination doit être toute morale et tournée vers les émotions de la conscience. Quelques pages prises parmi celles où les raisonnements du critique cèdent la place à la rêverie du poète : celle, par exemple, qui ouvre la *Vie de Jésus*, — prélude délicieux de cette symphonie mystique : — « Te souviens-tu, du sein de Dieu où tu reposes... »; celle, dans l'*Eau de Jouvence*, qui module le songe de Léolin : « Cœur transverbéré, que tu m'as fait souffrir... »; celle encore, presque divine, des *Essais de Morale*, où, à l'occasion des bardes du vi[e] siècle, il est parlé de ces « émanations d'en haut qui, tombant goutte à goutte sur l'âme, la traversent, comme des souvenirs d'un autre monde... »; — ces pages, dis-je, et combien d'autres, confirment aussitôt cette première hypothèse. Elles révèlent une imagination spéciale, dans laquelle

ressuscitent naturellement, non des contours
d'objets comme chez Victor Hugo, — non des
états de volonté comme chez Stendhal, — non
des frémissements nerveux comme chez les
frères de Goncourt, — mais bien des sentiments
moraux : entendez par là de ceux qui servent
à interpréter profondément, sincèrement, les
joies et les douleurs, les devoirs et les travaux
de chaque jour. Il suffit de se rappeler que
M. Renan est Breton, pour reconnaître que
cette imagination lui vient de sa race, et il
a donné lui-même la formule de sa nature
d'esprit lorsqu'il a tracé, dans son étude sur la
Poésie des races celtiques, ce portrait, doucement idéalisé, du Breton, — mais cette idéalisa-
tion même n'est-elle pas comme un document
de plus ? « ... C'est une race timide, réservée,
vivant tout en dedans, pesante en apparence,
mais sentant profondément, et portant dans
ses instincts religieux une adorable délicatesse... Cette infinie délicatesse qui caractérise
la race celtique est étroitement liée à son besoin de concentration. Les natures peu expan-
sives sont presque toujours celles qui sentent
avec le plus de profondeur, car plus le sentiment est profond, moins il tend à s'exprimer.

De là cette charmante pudeur, ce quelque chose de voilé, de sobre, d'exquis, à égale distance de la rhétorique du sentiment trop familière aux races latines, et de la naïveté réfléchie de l'Allemand... La réserve apparente des peuples celtiques, qu'on prend pour de la froideur, tient à cette timidité intérieure qui leur fait croire qu'un sentiment perd la moitié de sa valeur quand il est exprimé et que le cœur ne doit avoir de spectateur que lui-même... » Faut-il attribuer ces prédispositions de l'âme celtique à l'héréditaire influence d'un climat mélancolique et qui multiplie autour de l'homme les impressions vagues et ensorcelantes?... Le paysage de pierres et de landes développe ses étendues mornes. La mer à l'horizon crispe ses ondes démesurées où toute la désolation du ciel gris s'infiltre nuage à nuage. C'est bien ici le Finistère, — le terme du monde, — l'extrême déferlement de la marée de peuples que les invasions poussent de l'Est à l'Ouest, depuis des siècles et des siècles. Quoi d'étonnant que l'homme de ces rochers, de ces landes, de cet Océan ait peu à peu diminué en lui l'existence extérieure pour ramasser toutes ses forces vives autour du problème de sa destinée? Et

une fleur de songe a grandi, mystérieuse comme
cet Océan, triste comme ces landes, solitaire
comme ces rochers. En parcourant les livres de
M. Renan, vous rencontrerez plus d'un pétale
de cette fleur, pris entre les feuillets et parfu-
mant de sa fine senteur les dissertations de
l'exégèse ou les arguments de la métaphysique...

L'imagination d'un écrivain se manifeste
plus particulièrement par son style. A examiner de près celui de M. Renan, et par le menu,
une preuve nouvelle se surajoute à l'induction
que l'effet d'ensemble nous avait suggérée. Ce
style est d'une qualité unique aujourd'hui, et,
je crois bien aussi, dans toute l'histoire de notre
littérature. Un mot significatif fut prononcé à
son endroit par un des plus savants disciples
de Flaubert, un jour que nous discutions ensemble sur la rhétorique de la prose contemporaine. Nous avions démonté la phrase de tous
les manieurs du verbe qui ont quelque crédit
dans l'opinion des lettrés ; nous vînmes à prononcer le nom de M. Renan. « Ah ! la phrase
de celui-là, s'écria-t-il découragé, on ne voit
pas comment c'est fait... » C'était la traduction, en langue vulgaire, de l'étonnement que

procure cette langue, délicate jusqu'à la sveltesse et presque immatérielle de spiritualité, aux regards des lecteurs de nos stylistes pittoresques. Presque jamais les métaphores ne se précisent et jamais l'écrivain n'essaye de rivaliser de « rendu » avec la peinture ou la sculpture. S'il dessine un paysage, c'est d'un trait mince et qui dégage un caractère moral dont les couleurs et les lignes sont le transparent symbole. La période, un peu lente, mais souple, est adaptée au rythme de la parole intérieure qui sort du fond d'une conscience ramenée sur elle-même et se racontant son rêve. Les formules d'atténuation abondent, attestant un souci méticuleux de la nuance. L'harmonie semble ne pas résider dans les rencontres des syllabes, mais venir d'au delà, comme si la matérialité des sons servait à transposer quelque mélodie idéale, plutôt pressentie qu'entendue. Il n'y a pas plus de préceptes pour écrire ainsi qu'il n'y a de préceptes pour avoir de l'âme, — au vieux sens, un peu naïf, mais si juste, de cette expression. « Jamais on n'a savouré aussi longuement ces voluptés de la conscience, ces réminiscences poétiques, où se croisent à la fois toutes les sensations de la vie, si vagues, si profondes, si pénétrantes, que, pour peu qu'elles vinssent à se prolonger, on en mourrait, sans qu'on pût dire si c'est d'amertume ou de douceur... » Qui parle ainsi ? M. Renan. Et de qui donc ? Des poètes de sa race, et, sans le vouloir, de sa prose à lui, de cette prose qui emprunte le secret de son sortilège à un pouvoir de vision morale, incomparable et porté à son excès par un atavisme inexpliqué.

Cette imagination de la vie morale se révèle encore, non pas davantage, — car le style est le révélateur le plus complet qui soit des facultés maîtresses d'un écrivain, — mais d'une façon plus consciente, dans les jugements que M. Renan porte sur les hommes ; et c'est ici qu'il y aurait lieu de constater la loi secrète qui rattache le genre de talent d'un historien à l'essence même de sa sensibilité. Si M. Renan se représente un personnage de l'histoire ancienne ou moderne, il aperçoit par delà les documents écrits ou recueillis sur place les états de la sensibilité morale de ce personnage. Par un effort, il verra un trait physique : l'émeraude verte encadrée dans l'orbite de Néron, les boucles étagées de sa chevelure, et tout de suite il écartera ce détail extérieur pour saisir le défaut moral dont ce détail est le signe tangible. Ce sera, pour l'empereur romain, la curiosité du mauvais artiste, l'affectation du cabotin pour-pré. A l'endroit des contemporains, M. Renan procède pareillement par interrogations sur la valeur de leur vie morale. Tout lui est matière à cette analyse : une chanson de Béranger comme un ouvrage de M. Guizot, et il lui a fallu un séjour prolongé à Paris pour comprendre qu'on pût se désintéresser des problèmes de la vie sérieuse. Il ne définirait certes plus maintenant la gaieté comme il faisait autrefois : « Un singulier oubli de la destinée humaine et de ses conditions. » Mais j'imagine que maintenant encore il ne l'admet qu'à titre d'ironie trop justifiée quand le contraste entre nos besoins idéaux et la trivialité du monde nous accable. S'il veut donner un conseil pour le relèvement du pays, ce conseil porte sur la nécessité de réformer la vie « intellectuelle et morale de la France. » S'il juge la Révolution, il examine ce qu'elle a créé ou détruit dans le domaine de la moralité. Tout au long de son œuvre, articles de journaux ou longs récits d'histoire religieuse, ce même esprit circule, attestant une constance de préoccupation qui gagne le lecteur. L'idéalisme, chez M. Renan, n'est pas le résultat d'un raisonnement, c'en est le principe. Ce n'est pas un effet, c'est une cause. Le drame de l'univers est à ses yeux l'épopée, tour à tour triomphante ou désespérée, de la Science et de la Vertu. Se propose-t-il de faire connaître quelque confrère qu'il a aimé, un Eugène Burnouf ou un Étienne Quatremère, ce n'est pas même la portée scientifique de sa méthode qui lui semble importante, mais bien son caractère personnel. Ces chercheurs se disaient dans la solitude de leur conscience une parole de sincérité où se résumait leur sens profond de la destinée. Cette parole une fois entendue, vous aurez le secret de leur énergie ou de leur faiblesse. M. Renan, lui, sait l'écouter et la noter avec une fidélité surprenante, dans laquelle le don de l'imagination héréditaire apparaît de nouveau comme il est apparu dans le style délicat de ses divers ouvrages, dans la teinte doucement nuancée de leur ensemble, dans le choix tout élevé de leurs sujets. Et je ne crois pas m'aventurer beaucoup en disant que si M. Renan fût demeuré dans sa petite ville de Tréguier, et s'il

eût écrit en langue bretonne, tout naturellement il eût composé des bardits dans la tradition de ces poètes celtiques dont il a dit que
personne ne les égala « pour les sons pénétrants qui vont au cœur. »

La destinée en décida autrement. M. Renan
vint à Paris. Dans quelles circonstances ? Ses
Souvenirs l'ont raconté avec une précision de
détails qui fournira la plus riche matière à ses
biographes. Il connut la pensée allemande.
C'est la seconde influence et qui décida de l'entier développement du germe primitif. Qu'on
se représente, pour mesurer la portée de cette
influence, la grandeur intellectuelle de cette
Allemagne d'avant l'hégémonie prussienne, et
comme elle étageait sur l'horizon des forêts d'i-
dées, plus fatidiques et plus épaisses que les
masses du Harz ou de la Thuringe. En regard
de la mesquine philosophie de la France d'a-
lors, foisonnaient les systèmes issus du Kan-
tisme, tous gigantesques et rappelant par
l'audace de leur interprétation de l'univers les
magnificences des hypothèses de l'antique Io-
nie. Chez nous, pauvrement et chétivement le
catholicisme luttait pour la vie dans la presse
et à la tribune. Au delà du Rhin, l'exégèse

multipliait les points de vue. renouvelait l'interprétation de l'Écriture, et c'était un rajeunissement des disputes théologiques à faire se relever de leurs tombeaux les illustres docteurs du moyen âge, le Séraphique et l'Invincible, l'Angélique et l'Illuminé. Les Hautes Études agonisaient parmi nous, et nos Facultés ne recrutaient leurs auditeurs qu'à la condition d'énerver leur enseignement jusqu'à en faire une distraction utile à l'usage des gens du monde. En Allemagne, les Universités rivalisaient de zèle pour hausser le niveau de leur initiation supérieure. Les savants entassaient mémoires sur mémoires. Le débordement de leurs inventions étonnait l'Europe. S'il est une vérité bonne à méditer, c'est que nous avons préludé à nos désastres de 1870 par l'infériorité de notre effort intellectuel. I était nécessaire qu'un esprit, assoiffé d'idées comme a dû l être celui de M. Renan aux environs de ses vingt-cinq ans, fût enivré par la liqueur que l'Allemagne d'alors lui offrait à pleine coupe. Si cette Allemagne avait des défauts, le jeune homme ne pouvait pas les voir. Il pardonnait au pédantisme, parce qu'il y trouvait une preuve de plus de la conscience des recherches, comme il pardonnait à l'excès du symbolisme parce qu'il y trouvait une preuve de la puissance Idéaliste. Il se mit donc à repenser pour son propre compte quelques-unes des doctrines essentielles d'au delà du Rhin.

Presque toutes ces doctrines, ainsi que l'a montré M. Taine dans son étude sur Carlyle, sont des applications diverses d'un seul principe : l'unité absolue de l'Univers. C'est le thème des panthéistes grecs et de Spinoza, mais rajeuni et comme vivifié par la notion du « devoir. » Tout phénomène fait partie d'un groupe : donc, pour comprendre ce phénomène, c'est ce groupe qu'il faut reconstruire par la pensée. Le groupe lui-même se rattache à un autre groupe, lequel se rattache à un troisième et indéfiniment, en sorte que rien n'est isolé dans l'univers, et que nous devons concevoir la nature comme constituée par un étagement indéfini des phénomènes. Mais incessamment aussi ces phénomènes s'écroulent, et incessamment une inexplicable force située au cœur du monde les renouvelle, qui manifeste sa puissance par un éternel développement de ces phénomènes caducs. J'ai parlé des applications diverses de ce principe ; elles ont été innombrables. La plus inattendue est celle qui a conduit les théologiens à considérer les religions comme des phénomènes analogues aux autres, quoique d'un ordre spécial, et déterminés dans leur apparition, leur efflorescence et leur décadence, par des conditions très précises de germe et de milieu. Et comme la philologie s'est jointe à ce concept philosophique pour le vérifier avec une rigueur spécieuse, toute une nouvelle critique est née dont l'œuvre s'accomplit encore devant nos yeux. M. Renan est un des Maîtres de cette critique et il a été un des adeptes de cette philosophie ; seulement, la vigueur de l'instinct primitif était trop forte. Il n'a rien perdu à cette éducation germanique de ce que sa sensibilité de Celte enveloppait de délicatement tendre. Un talent est un créature vivante. Peut-être sa naissance suppose-t-elle un élément mâle et un élément femelle. L'imagination celtique serait, dans ce cas-là, le principe féminin qui, fécondé par le génie allemand, a donné naissance au talent de l'auteur de la *Vie de Jésus*. Mais, comme toujours, c'est du côté maternel que sa grâce est venue à l'enfant !

Une rencontre d'éléments si contraires ne s'accomplit point sans que des complications psychologiques en résultent. J'en distingue ici trois principales. Parce qu'il s'est trouvé de bonne heure jeté dans les chemins d'une critique infiniment multiple et que, d'autre part, il a tout goûté de ce qu'il a compris, M. Renan est devenu un dilettante. Parce que les premières extases chrétiennes avaient eu pour lui trop de douceur, il est demeuré religieux à travers les négations de son exégèse. Parce qu'au sentiment inné de la pureté de sa race s'est ajouté le sentiment d'une supériorité indiscutable de vie intellectuelle, il est devenu ce que, faute d'un meilleur mot, j'appellerai : aristocrate, me réservant d'expliquer plus exactement ce terme sans nuances. Ce ne sont point là des états très exceptionnels, et les circonstances qui les ont produits ont des analogues autour de nous. Il y a donc intérêt général à étudier d'une façon plus approfondie ces trois formes de la pensée de M. Renan.

II

DU DILETTANTISME

Il est plus aisé d'entendre le sens du mot *dilettantisme* que de le définir avec précision. C'est beaucoup moins une doctrine qu'une disposition de l'esprit, très intelligente à la fois et très voluptueuse, qui nous incline tour à tour vers les formes diverses de la vie et nous conduit à nous prêter à toutes ces formes sans nous donner à aucune. Il est certain que les manières de goûter le bonheur sont très variées, — suivant les époques, les climats, les âges, les tempéraments, suivant les jours même et suivant les heures ! D'ordinaire, un homme parvenu à la pleine possession de lui-même a fait son choix, et, comme il est logique, désapprouve le choix des autres ou du moins le comprend à peine. Il est difficile, en effet, de sortir de soi et de se représenter une façon d'exister très différente ; plus difficile encore de dépasser cette représentation et de revêtir soi-même, si l'on peut dire, cette façon d'exister, ne fût-ce que durant quelques minutes. La sympathie n'y suffirait pas, il y faut un scepticisme raffiné avec un art de transformer ce scepticisme en instrument de jouissance. Le dilettantisme devient alors une science délicate de la métamorphose intellectuelle et sentimentale. Quelques hommes supérieurs en ont donné d'illustres exemples, mais la souplesse même dont ils ont fait preuve a empreint leur gloire d'un je ne sais quoi de trouble et d'inquiétant. Il semble que l'humanité répugne profondément au dilettantisme tel que nous essayons d'en indiquer ici les changeants avatars, sans doute parce que l'humanité comprend par instinct qu'elle vit de l'affirmation et qu'elle mourrait de l'incertitude. Parmi les dilettantes fameux dont elle a subi ainsi la renommée en la marquant d'une défaveur visible, nous pouvons ranger cet adorable Alcibiade, qui se complut à tenir des rôles si divers, et ce mystérieux César, qui incarna en lui tant de personnages. Nous imaginons volontiers que le dilettantisme fut pareillement l'état favori des grands analystes de la Renaissance, dont Léonard de Vinci, avec ses aptitudes universelles, la complexité inachevée de son œuvre, son rêve incertain de la beauté, demeure le type énigmatique et délicieux. Montaigne aussi, et son élève Shakespeare, ont pratiqué cet art singulier d'exploiter leurs incertitudes d'intelligence au profit des caprices de leur imagination. Mais la sève créatrice coule encore à flots trop chargés d'énergie dans les veines de ces enfants des siècles d'action. Sur le tard seulement de la vie des races et quand l'extrême civilisation a peu à peu aboli la faculté de créer, pour y substituer celle de comprendre, le dilettantisme révèle toute sa poésie, dont le plus moderne des anciens, Virgile, a eu comme un pressentiment, s'il a vraiment laissé tomber cette parole qu'une tradition nous a transmise : « On se lasse de tout, excepté de comprendre... »

Aucun des écrivains de notre époque n'a connu cette poésie au même degré que M. Renan. Aucun n'a professé, avec une élégance accomplie de patricien, des idées au-dessus des préjugés comme en dehors des lois ordinaires, et la théorie du détachement sympathique à l'égard des objets de la passion humaine. La critique s'est lassée à le suivre dans les inconstances de sa fantaisie mobile et à relever les contradictions où il s'est complu ; car le propre du dilettantisme est de corriger toute affirmation par d'habiles nuances qui préparent le passage à quelque affirmation différente. Certaines phrases de M. Renan sont devenues célèbres par le scandale qu'elles ont causé parmi les orthodoxes de tous les partis ; celle, par exemple, où il écrit : « ... Dieu, Providence, Immortalité, autant de bons vieux mots, un peu lourds peut-être, que la philosophie interprétera dans un sens de plus en plus raffiné... », celle encore où, parlant de la mort mystérieuse de l'apôtre saint Paul, il s'écrie : « Nous aimerions à rêver Paul sceptique, naufragé, abandonné, trahi par les siens, seul, atteint du désenchantement de la vieillesse ; il nous plairait que les écailles lui fussent tombées des yeux une seconde fois, et notre incrédulité douce aurait sa petite revanche si le plus dogmatique des hommes était mort triste, désespéré (disons mieux, tranquille), sur quelque rivage ou quelque route de l'Espagne, en disant, lui aussi : *Ergò erravi...* » Reconnaissez-vous à ce : « Disons mieux, tranquille », la sérénité ironique du contemplateur, qui estime qu'une âme n'est vraiment délivrée de l'universelle illusion qu'à la condition d'en avoir suivi tous les méandres ? « A notre âge, répond le Prospero de l'*Eau de Jouvence* à Gotescalc qui lui parle de moraliser les masses, peut-on dire de pareils enfantillages ? Si nous ne sommes pas désabusés, quand le serons-nous, mon cher ? Comment n'as-tu pas vu encore la vanité de tout cela ? Tous les trois nous avons mené une jeunesse sage, car nous avions une œuvre à faire. En conscience, voyons le peu que cela rapporte, pouvons-nous conseiller aux autres qui n'ont pas d'œuvre à faire, les mêmes maximes de vie ?... » Apercevez-vous comment le dilettante passe subitement d'un pôle à l'autre de la vie humaine, et vous expliquez-vous que cette facilité à tout admettre des contradictions de l'univers l'ait conduit à porter sur Néron, « ce pauvre jeune homme », ainsi qu'il l'appelle, ce jugement d'une indulgence à demi railleuse : « Applaudissons. Le drame est complet. Une seule fois, Nature aux mille visages, tu as su trouver un acteur digne d'un pareil rôle... » ? Elle a mille visages, en effet, cette Nature, et le rêve du dilettante serait d'avoir une âme à mille facettes pour réfléchir tous les visages de l'insaisissable Isis. « Il manquerait quelque chose à la fête de l'univers, écrit M. Renan à l'occasion de l'exquis et dangereux Pétrone, si le monde n'était peuplé que de fanatiques iconoclastes et de lourdauds vertueux. » Étrange Protée, semble-t-il, et cruellement moqueur, qui, après avoir trouvé dans sa volupté d'artiste cette indulgence pour les coupables, rencontre dans sa conscience de philosophe cette sévérité pour les martyrs : « Des misérables, honnis de tous les gens comme il faut, sont devenus des saints. Il ne serait pas bon que les démentis de cette sorte fussent fréquents. Le salut de la société veut que ses sentences ne soient pas souvent réformées. »

Ces phrases donc, — et combien d'autres que les nombreux lecteurs de M. Renan rencontrent quasi à chaque page, — ont fait accuser l'écrivain, tantôt de paradoxe et de mystification, tantôt de pyrrhonisme. Les deux premiers de ces griefs ne se soutiennent pas lorsqu'il s'agit d'un travailleur de la taille de M. Renan. Une légère teinte d'ironie est, il est vrai, répandue sur son œuvre et a pu tromper ceux qui ne démêlent pas ce que cette ironie a, comme le dit un des personnages des *Dialogues*, d'es-

sentiellement philosophique. Le pyrrhonisme
n'est pas davantage le cas de M. Renan : il
n'est pas plus négatif dans le ton général de son
intelligence qu'il n'est sophistique dans le détail de ses raisonnements. L'auteur des *Dialogues* n'est pas un homme qui arrive au doute
par impossibilité d'étreindre une certitude.
C'est bien plutôt qu'il étreint trop de certitudes.
La légitimité de beaucoup de points de vue
contradictoires l'obsède et l'empêche de prendre
cette position de combat qui nous paraît la
seule façon d'affirmer la vérité, à nous, les disciples de l'insuffisant dogmatisme d'autrefois.
Mais c'est précisément ce qui fait du dilettantisme une sorte de dialectique d'un genre nouveau, grâce à laquelle l'intelligence participe à
l'infinie fécondité des choses. L'excès de la production des phénomènes brise nos systèmes
comme des moules trop étroits. Comment ne pas
considérer tous ces systèmes successivement avec
une curiosité à la fois dédaigneuse, — car elle
procède du sentiment de l'impuissance des doctrines, — et sympathique, puisqu'il s'y mêle,
avec l'idée que ces doctrines ont été sincères, la
conviction qu'elles ont été vraies dans de certaines circonstances et pour de certaines têtes ?

Il n'y a pas que la vérité géométrique dans ce monde, et même c'est une marque à peu près assurée qu'on se trompe sur les choses de la vie morale, que d'aboutir à un jugement à propos d'elles dont le caractère absolu ne réserve pas sa place à un jugement, sinon tout à fait contraire, au moins différent.

Il est indiscutable qu'une pareille disposition d'esprit n'est point ce que l'on est convenu d'appeler naturelle, en ce sens qu'elle a été jusqu'ici l'apanage d'un petit nombre de personnes d'exception. Il faut se méfier du mirage de ce mot « *naturel* », lorsqu'il s'agit des nuances de la sensibilité. Outre qu'il sert de masque, le plus souvent, aux inintelligences des ignorants ou aux hostilités des gens vulgaires, il a le malheur de ne pas envelopper de signification précise au regard du philosophe. Il est impossible, en effet, de concevoir un phénomène qui ne soit déterminé par des conditions attenantes à l'ensemble de l'univers, — partant naturel. Traduisons donc le terme par deux des idées qu'il représente, et disons que le dilettantisme est une disposition d'esprit assurément rare et peut-être dangereuse ; mais n'en est-il pas des dangers sociaux comme de la fièvre qui consume le sang d'un malade? Avant d'être une cause, cette fièvre est un effet. Elle manifeste de certaines modifications organiques qui l'ont produite, avant de déterminer d'autres modifications, qui détruiront ou conserveront l'équilibre de la vie générale. Pareillement le dilettantisme est un produit nécessaire de notre société contemporaine. Avant d'agir sur elle, il résulte d'elle. Ce n'est pas en situant sa pensée hors de notre milieu que M. Renan, pour continuer à le prendre comme exemple, s'est avancé si loin dans la voie où d'autres le suivent et le suivront. Il est aisé d'apercevoir quelles conditions très générales ont amené cet effet très particulier. Une des lois de notre époque n'est-elle pas le mélange des idées, et le conflit dans nos cerveaux, à tous, des rêves de l'univers élaborés par les diverses races? Qu'a fait d'autre M. Renan que de servir de théâtre à un de ces mélanges et de raconter en toute sincérité l'issue particulière d'un de ces conflits? Doué par l'hérédité native d'un sentiment profond de la vie religieuse et morale, il s'est engagé, à la suite des savants maîtres de l'exégèse, dans l'étude des diverses solutions données par l'humanité aux problèmes de la recherche religieuse et de l'inquiétude morale. Il a pu ainsi agenouiller son imagination devant tous les autels, respirer l'arome de tous les encens, répéter les prières de toutes les liturgies, et participer à la ferveur de tous les cultes. La sensibilité de ses ancêtres l'a suivi à travers ce pèlerinage et lui a permis de dégager l'esprit des dogmes par dessous la lettre des formules, mieux encore, d'en goûter la douceur consolatrice. Il s'est relevé de cette communion universelle, persuadé qu'une âme de vérité se dissimule sous les symboles parfois trop grossiers, parfois trop subtils, et qu'à décréter la dictature d'un de ces symboles on méconnaît l'âme respectable de tous les autres. En même temps qu'il pénétrait ainsi le sens mystérieux des théologies les plus opposées, il étudiait cinq ou six littératures, autant de philosophies, toutes sortes de mœurs et de coutumes; car la critique de nos jours, qui conclut à la dépendance des manifestations d'une époque, nous oblige à les connaître toutes pour nous en expliquer une seule. Une telle éducation de l'intelligence justifie-t-elle suffisamment le dilettantisme auquel M. Renan s'est trouvé conduit? Allons plus loin et osons dire que ce dilettantisme est au plus grand honneur de l'écrivain, car il atteste la permanence en lui d'une sensibilité que la multitude des contemplations n'a pu lasser et qui continue à vibrer d'accord avec toutes les belles et nobles âmes, en même temps qu'il révèle un trésor de sincérité. N'en faut-il pas beaucoup, en effet, pour affronter du même coup les anathèmes des croyants, qui reprochent au dilettante de ne pas prendre parti en leur faveur, et les affronts des incrédules, — ces croyants à rebours, — qui ne lui pardonnent pas son indulgence, ou mieux sa piété, pour les chimères des superstitions ?...

M. Renan est la frappante preuve qu'en portant à leur plus haut degré ses sentiments les plus intimes, on devient le chef de file d'un grand nombre d'autres hommes. Pour acquérir une valeur typique, il faut être le plus individuel qu'il est possible. M. Renan a constaté son dilettantisme, et il s'y est complu. Par cela seul, il s'est distingué du reste des érudits. Homme de livres et de bibliothèque, il est entré du coup au centre même de son époque, et il en a représenté un des côtés les plus singuliers. Il s'est trouvé que cet historien des événements lointains était aussi l'un des plus vivants d'entre nous et l'un de ceux qui nous passent le plus près du cœur. Au même titre que les plus dédaigneux du passé et de ses traditions, ce chercheur de textes est un enfant du siècle. Alfred de Musset ne représentait pas plus exactement les passions nouvelles de sa génération que M. Renan ne représente quelques-unes des plus essentielles de nos façons de penser et de sentir. Pour mieux saisir comment le dilettantisme dont il a donné un si étonnant exemplaire et formulé une si complète apologie est en effet dans le sang même de cette époque, considérez les mœurs et la société, l'ameublement et la conversation. Tout ici n'est-il pas multiple ? Tout ne vous invite-t-il pas à faire de votre âme une mosaïque de sensations compliquées ? N'est-ce pas un conseil de dilettantisme qui semble sortir des moindres recoins d'un de ces salons modernes où même l'élégance de la femme à la mode se fait érudite et composite ?... Il est cinq heures. La lumière des lampes, filtrée à travers les globes bleuâtres ou rosés, teinte à peine les étoffes qui luisent doucement. Cette soie brodée qui garnit les coussins fut jadis la soie d'une étole ; elle assistait aux répons des messes pieuses dans le recueillement des cathédrales, avant qu'un caprice de la vogue n'en vêtit ces témoins muets des flirtations et des confidences. Cette autre soie arrive du Japon. Les fils d'or roux y dessinent un paysage où éclate la fantaisie étrange des rêves de l'extrême Orient. Les tableaux des murs sont des maîtres les plus étrangers les uns aux autres par la facture et par l'idéal. Une fine et lumineuse Venise de Fromentin est toute voisine d un âpre et dur paysan de François Millet. Le peintre des fêtes du luxe parisien, J. de Nittis, a fait papilloter sur cette toile les couleurs des vestes des jockeys. C'est une scène de courses qu'il évoque, avec le vent frais de la pelouse, avec le peuple agité des bookmakers et des parieurs, avec le joli frissonnement de la lumière d'un printemps de banlieue sur tous les visages. Une aquarelle de Gustave Moreau, posée sur un piano, représente la Galatée antique. Si frêle et si jeune, et abandonnant son corps d'ivoire sur un lit d'algues merveilleuses, la nymphe repose dans la fraîcheur de sa grotte. Le Polyphème monstrueux, accoudé à l'entrée, contemple avec une infinie mélancolie la créature de songe, tissée d'une chair presque immatérielle, quand il est pétri, lui, de l'épais limon, si menue et suave, quand il est, lui, le géant des forges souterraines. Et l'œil de son front s'ouvre étrangement et les paupières de Galatée s'abaissent ingénument... — caprice délicieux de l'artiste de ce temps-ci le plus pareil à Shelley, à Henri Heine, à Edgard Poë [1] par sa vision d'une beauté qui fait presque mal, tant elle vous ravit le cœur ! Un portrait peint par Bonnat, dans une manière solide comme la science et précise comme la réalité, domine cette aquarelle ; et de ci, de là, c'est sous les vitrines, c'est sur les tables, c'est sur les étagères, une profusion de bibelots exotiques ou anciens : laques de Yedo ou bronzes de la Renaissance, orfèvrerie du xviiie siècle ou flambeaux d'un autre âge. Est-ce que ce salon n'est pas un musée, et un musée n'est-il pas une école tout établie pour l'esprit critique ? Cet esprit, d'ailleurs, a formé ce cadre à l'image de la compagnie qui s'y rencontre et qui peut reconnaître sa complexité personnelle dans la complexité de son ameublement. Les conversations se

1. Comparez de Shelley la *Plante sensitive*, de Henri Heine les poèmes de la *Mer du Nord*, d'Edgard Poë l'élégie *To Helen, Ligeia, Eleonora.*

croisent, entremêlant les souvenirs des lectures les plus disparates et des voyages les plus éloignés. De quinze personnes, il n'en est pas deux qui aient les mêmes opinions sur la littérature, sur la politique, sur la religion. Il n'est qu'une foi commune, celle des usages. Mais si vous allez au delà, les divergences apparaissent, permettant aux curieux de se procurer, dans les huit mètres carrés de ce salon, les sensations de quinze personnalités différentes jusqu'à en être contradictoires. Autrefois une même Société, comme on disait, avait un fonds de conceptions analogues sur les chapitres essentiels de la vie. Comment en serait-il ainsi, aujourd'hui que le flot démocratique a monté, que trente volte-faces, en politique, en littérature, en religion, de la pensée générale, ont jeté dans le courant des esprits toutes sortes de formules de gouvernement, d'esthétique et de croyance? Joignez à cela le formidable afflux des étrangers qui se sont rués sur Paris comme en un caravansérail où la sensation d'exister revêt mille formes piquantes et variées. Cette ville est le microcosme de notre civilisation. Elle a elle-même sa réduction dans cet hôtel Drouot, où tout le bric-à-brac du comfort et de l'art vient s'entasser. Dites maintenant s'il est possible de se conserver une unité de sentiments dans cette atmosphère surchargée d'électricités contraires, où les renseignements multiples et circonstanciés voltigent comme une population d'invisibles atomes. Respirer à Paris, c'est boire ces atomes, c'est devenir critique, c'est faire son éducation de dilettante.

Certes beaucoup résistent, mais qui doivent se hausser par réaction jusqu'au fanatisme. C'est ainsi que nulle part vous ne rencontrerez plus qu'à Paris de ces esprits tyranniques et que possède, suivant la forte définition d'un essayiste, « l'horrible manie de la certitude. » On est obligé d'affirmer trop pour affirmer quelque chose. La bonne foi y perd, et la bonne foi est après tout le seul lien absolument nécessaire du pacte social. Combien est préférable l'héroïsme d'un Renan qui se résigne à subir les conséquences de sa pensée, et se reconnaissant incapable de résoudre par une seule formule le grand problème de la destinée, proclame la légitimté des solutions diverses! Les docteurs en santé sociale objectent que cette absence de parti pris aboutit à une anémie de la conscience morale d'un pays. Tout se solde ici-bas, et il est probable que le dilettantisme, comme les diverses supériorités, ne saurait éviter le paiement de sa rançon. Cette rançon, certes, serait terrible si à l'incapacité d'affirmer correspondait l'incapacité de vouloir. La psychologie tend à démontrer, en effet, que la volition n'est qu'un cas de l'intelligence, et dans cette occasion comme dans beaucoup d'autres, le langage avait devancé la science en attachant un certain discrédit de moralité au terme de « sceptique. » Il faudrait donc admettre que l'extrême intelligence répugne aux conditions imposées à l'action, et ainsi se trouverait vérifiée la thèse des pessimistes allemands, qui nous montrent la conscience comme le terme suprême et destructif où s'achemine l'évolution de la vie. Trompés par le malin génie de la nature, nous nous efforçons vers la mort en croyant nous efforcer vers le progrès. Mais quand bien même cette mélancolique hypothèse serait exacte, ne serait-il pas enfantin de souhaiter un arrêt de l'inévitable évolution ? Le mieux est de nous soumettre à l'esprit, bon ou mauvais, de l'Univers, et, si nous devons trouver le vide au fond de cette coupe de la civilisation à laquelle tous les siècles ont bu, de répéter avec le Prospero de M. Renan : « C'est l'essence d'une coupe d'être épuisable... »

III

DU SENTIMENT RELIGIEUX CHEZ M. RENAN

Dilettante, comme je viens de le décrire, par éducation, par milieu et par théorie, il était à craindre que M. Renan ne brisât sa belle intelligence contre l'écueil ordinaire du dilettantisme, qui est la frivolité. Qu'il ait aperçu cet écueil et que par un jeu de logique il en ait ressenti la nostalgie périlleuse, cela est visible à des phrases singulières où le savant philologue professe une admiration à demi jalouse pour ceux qui ont pris le monde comme un rêve amusé d'une heure. « L'élégance de la vie a sa maîtrise, » dit-il à propos de ce même Pétrone, et à propos des Gavroches du Paris faubourien : « Je l'avoue, je me sens humilié qu'il m'ait fallu cinq ou six ans de recherches ardentes, l'hébreu, les langues sémitiques, Gesénius, Ewald et la critique allemande, pour arriver juste au résultat que ces petits drôles atteignent tout d'abord et comme du premier bond. » L'auteur de la *Vie de Jésus* a toutefois été préservé de ce que le dilettantisme exagéré introduit dans l'esprit de légèreté superficielle, par la permanence en lui non seulement de la sensibilité, mais encore de l'idée religieuse. L'opinion, en France, a pu être égarée par les tempêtueuses discussions qu'a soulevées la *Vie de Jésus*, et croire que l'écrivain continuait le travail destructeur des philosophes du xviiie siècle. Aujourd'hui, elle revient sur cette erreur qui prouve seulement une inexpérience critique et un trop faible souci de la nuance. Des nations étrangères ont vu plus finement la véritable disposition d'âme de M. Renan. Lorsque les Anglais l'invitèrent à donner des conférences sur quelques points de l'histoire du christianisme, le soi-disant révolté leur apparut sous son vrai jour de penseur, profondément, intimement religieux. C'est bien aussi d'une extrémité à l'autre de son œuvre une préoccupation constante de l'au-delà mystérieux de toute existence, avec une effusion ininterrompue du cœur. Il y a dans les pages qu'il a consacrées au martyr du

Golgotha quelque chose de la ferveur des femmes qui ont lavé le corps du Sauveur pour le mettre au tombeau, et de certaines phrases semblent auréoler d'un nimbe parfumé les cheveux roux, le visage exsangue, la beauté mortelle du Crucifié. Y eut-il jamais un Père de l'Église capable de célébrer avec une éloquence plus attendrie « l'abnégation, le dévouement, le sacrifice du réel à l'idéal, essence de toute religion... » Avec quelle hauteur de dédain il malmène les rationalistes de l'ancienne école, pour qui cette religion sublime n'est « qu'une simple erreur de l'humanité, comme l'astrologie, la sorcellerie!... » Et avec quelle plénitude de conviction il proclame que « l'homme est le plus religieux dans ses meilleurs moments. C'est quand il est bon qu'il veut que la vertu corresponde à un ordre éternel, c'est quand il contemple les choses d'une manière désintéressée qu'il trouve la mort révoltante et absurde. *Comment ne pas supposer que c'est dans ces moments-là que l'homme voit le mieux ?...* » Et ailleurs : « Disons donc hardiment que la religion est un produit de l'homme normal, que *l'homme est le plus dans le vrai quand il est le plus religieux et le plus assuré d'une destinée infinie...* » Que nous voilà loin des négations inintelligentes dont Stendhal lui-même se faisait l'écho quand il affirmait qu'aucun dévot n'est sincère, et du désespoir devant le catholicisme quitté, dont Théodore Jouffroy raconte les affres dans son tableau pathétique de sa Nuit de décembre!

Ni haineux, ni désespéré, mais respectueux et calme, tel nous apparaît M. Renan dans ses rapports avec la religion, quoiqu'il ait rompu tout pacte avec la foi dans laquelle il a grandi, et qui demeure celle d'une grande partie de ses concitoyens. Il y a là un problème psychologique d'un intérêt singulier pour tous ceux que préoccupe l'évolution de la pensée religieuse à notre époque, d'autant que cette sérénité respectueuse de M. Renan à l'égard du culte délaissé semble devenir, d'une exception qu'elle fut trop longtemps, la règle nouvelle des esprits vraiment libres. Je crois apercevoir la raison de cette sérénité dans la manière dont s'accomplit de plus en plus le divorce irréparable avec le dogme héréditaire. Les conditions de ce divorce fournissent presque toujours la clef des sentiments que le croyant désabusé professe à l'endroit du dogme qu'il a déserté.

Quelquefois la rupture se fait sous l'influence des passions de la virilité commençante, et l'homme en se détachant de la foi se détache surtout d'une chaîne insupportable à ses plaisirs. L'incrédulité revêt alors une sorte de caractère trouble et, pour tout dire d'un seul mot, sensuel. Des nostalgies étranges ramènent sans cesse le sceptique par libertinage vers la foi première qu'il identifie avec sa candeur d'autrefois; ou bien la honte des désordres de ses sens le précipite à des haines furieuses contre la religion qu'il a trahie pour les motifs les plus mesquins. Je n'étonnerai aucun de ceux qui ont traversé les études de nos lycées, en affirmant que la précoce impiété des libres penseurs en tunique a pour point de départ quelque faiblesse de la chair accompagnée d'une horreur de l'aveu au confessionnal. Le raisonnement arrive ensuite, qui fournit des preuves à l'appui d'une thèse de négation acceptée d'abord pour les commodités de la pratique. Cette irréligion nostalgique ou haineuse a fait la matière de toute une littérature, depuis tantôt cent cinquante ans que la campagne contre l'Église a commencé de se mener ouvertement. Les premières pages de *Rolla* sont l'expression la plus touchante qui en ait été donnée. Cette irréligion est aussi celle qui aboutit à un si grand nombre de conversions sur le retour. Elle n'était point l'affranchissement de la raison. Elle était celui de la chair et du sang. Aussi, lorsque cette chair s'endolorit avec l'âge, lorsque la fièvre de ce sang ne brûle plus les artères battantes, les traces de la croyance effacée doivent reparaître et reparaissent. Le révolutionnaire se réveille aussi dévot qu'aux heures d'enfance, et le désespéré aussi plein du songe bleu d'un paradis. Il a suffi pour cela d'un prêtre assez bon connaisseur en nature humaine pour reprendre l'entretien spirituel avec le farouche incrédule précisément au point où les déchaînements de la puberté l'avaient interrompu.

Il est une seconde manière, beaucoup plus élevée celle-ci et plus philosophique, de briser le lien de la foi traditionnelle. Théodore Jouffroy en a présenté un exemple presque illustre. Celui-là aimait de la religion justement ce que les athées par libertinage en détestent : sa règle austère et son enseignement vertueux. Mais sa raison se dressait là contre. Il apercevait l'évidente contradiction qui existe entre les exigences de la logique et les postulats du dogme. Beaucoup d'autres ont aperçu cette contradiction comme lui, et, comme lui, ont sacrifié les dogmes à la logique. Quelques-uns ont rencontré la tranquillité du cœur dans ce sacrifice. Cela n'est guère à l'éloge de leur sensibilité. J'oserai même affirmer qu'ils n'ont pas fait preuve d'une grande rigueur d'intelligence. Les incrédules par raisonnement logique n'aboutissent pas, en effet, à une solution qui puisse répandre sur tout l'esprit la pleine lumière d'évidence, signe indiscutable de la vérité scientifique. Lorsque Jouffroy se fut démontré que le péché originel reste une injustice impossible à concilier avec la bonté d'un Dieu créateur ; que l'hypothèse de ce Dieu revêtant la nature d'un homme semble aussi étrange que l'hypothèse d'un cercle revêtant la nature d'un carré ; que les miracles offrent une dérogation aux lois de la nature contradictoire avec la perfection du Dieu législateur ; en un mot, quand il eut ramassé en un corps d'arguments tout ce que la philosophie du XVIIIe siècle a jeté dans le public d'objections logiques contre la vérité du christianisme, rencontra-t-il la certitude dont son intelligence avait besoin, comme nos pou-

mons ont besoin d'oxygène ? Assurément non.
Il se démontrait qu'il ne devait pas croire ;
il ne se démontrait pas comment et pourquoi
d'autres avaient cru ; il demeurait sans arguments contre ce fait indiscutable et colossal.
d'une religion maîtresse du monde depuis dix-
huit cents ans, ayant imposé ses dogmes aux
plus grands esprits, apportant une solution
complète à beaucoup de problèmes de la vie
morale, et par-dessus tout, bénéficiant de
toutes les incertitudes de la pensée raison-
neuse. Un philosophe sincère avoue son impuissance à répondre autrement que par des
hypothèses aux questions d'origine et de fina-
lité. La religion est une hypothèse entre vingt
autres. Elle a suffi à un Pascal et à un Male-
branche. C'en est assez pour que l'incrédule
par raisonnement logique tourne les yeux vers
elle dans les minutes d'angoissante recherche,
et cela suffit pour expliquer que Théodore Jouffroy et ceux qui lui ressemblent aient donné le
spectacle d'intelligences déchirées entre les négations de leur raison, les besoins moraux de
leur cœur et des doutes affreux sur le dogme
nié. C'était la paix cependant, ce dogme, et la
communion avec les grands génies qui ont

cru!... S'ils ne s'étaient pas trompés, cependant?

M. Renan a écrit dans ses *Souvenirs* l'histoire de sa rupture avec la foi de son enfance et de sa jeunesse. Même avant cette publication la lecture de ses ouvrages nous autorisait à considérer que l'étude des sciences naturelles, dont il fut toujours un adepte très reconnaissant, et l'étude des sources historiques de la tradition religieuse, furent les deux facteurs de cette rupture définitive. Il faut évidemment attribuer au caractère de ces deux études la sérénité de sa conscience intellectuelle à l'endroit du problème religieux. Les sciences naturelles, en effet, communiquent à l'esprit qui les pratique la certitude, aussi absolue qu'une certitude humaine peut l'être, qu'il n'y a pas de trace dans la nature d'une volonté particulière. Les sciences historiques, appliquées aux sources de la tradition religieuse, rangent cette tradition au nombre des phénomènes de la nature, en démontrant que les lois communes du développement de la civilisation gouvernent la naissance, l'épanouissement et la caducité de ces grandes et larges formes de la conscience sociale qu'on appelle des religions. Ç'a été le résultat considérable des travaux de l'exégèse allemande que de déplacer ainsi le terrain de la discussion théologique. La religion apporte avec elle des livres qui sont ses titres de tradition. L'exégèse en examine le texte pour retrouver, au moyen de ce texte même, l'ensemble et le détail des causes qui ont amené l'élaboration de ces livres et de la tradition qu'ils représentent. Spinoza donna le premier, dans son traité *théologico-politique*, le modèle de cette nouvelle façon de discuter les dogmes. Sans nous occuper ici du degré de perfectionnement auquel ce procédé est parvenu, et en réservant entièrement la question de la vérité ou de l'erreur religieuse, qui n'est pas du domaine de l'analyste sans métaphysique, on peut marquer déjà la différence qui sépare l'incrédulité obtenue par cette méthode et l'incrédulité obtenue par raisonnement logique. La méthode historique nous fait toucher au doigt les motifs pour lesquels ceux qui ont cru, non seulement sont excusables d'avoir cru, mais furent comme obligés à la croyance. Aucune réfutation d'une erreur n'entraîne avec elle l'évidence parfaite, si elle ne se double d'une explication lucide de la genèse de cette erreur. L'exemple, bien souvent cité par la psychologie élémentaire, du bâton plongé dans l'eau et qui paraît brisé, peut être présenté comme le type de la forte argumentation dirigée par les historiens contre la religion. Le milieu liquide et la rectitude du bâton une fois donnés, le bâton doit paraître brisé, précisément parce qu'il est droit. Pareillement, tel milieu social étant donné et donnés tels ou tels esprits, tels ou tels dogmes ont dû s'établir. Les illusions de l'optique morale sont soumises aux mêmes lois que les illusions de l'optique physique. Que M. Renan ait été correct ou non dans le maniement de cette méthode, la question pour nous n'est point là. Il est certain qu'il l'a pratiquée de bonne foi et il lui a dû la placidité dans le détachement du dogme primitif qui fut toujours refusée aux incrédules de la passion, et souvent aux incrédules de la logique. Les premiers manquaient de respect envers leur âme, les seconds manquaient de sympathie envers les grands mouvements moraux de l'humanité. L'histoire seule concilie ce que nous devons de franchise à notre propre pensée et ce que nous devons de déférence aux sincérités de nos semblables.

Si la méthode commande le degré de la certitude, elle ne commande pas le degré de la déférence, et nous avons dit que chez M. Renan cette déférence aboutit à une véritable piété. Peut-être .la formule que nous avons donnée de son talent suffit-elle à rendre compte de la survivance chez lui, à travers les labeurs de la critique, d'une fraîcheur singulière de sensibilité religieuse. N'a-t-il pas tout simplement interprété avec son imagination de la vie morale une des idées Allemandes les plus opposées à notre génie Français? Je veux parler de cette conception du « devenir » pour laquelle nous n'avons même pas de mot national, tant elle nous a été peu familière avant ces trente dernières années. Non seulement la philosophie allemande du xixᵉ siècle considère l'univers comme un étagement d'organismes, mais elle le considère comme un étagement d'organismes en mouvement. Toute forme dépérit et se résout en une ou plusieurs autres, si bien que la complexité de la pensée n'est pas suffisante pour quiconque veut comprendre cet univers en proie à une évolution ininterrompue ; il y faut la mobilité. Les idées compliquées et relatives ont plus de chance de reproduire la complication et l'écoulement irréparable des phénomènes que les idées simples et absolues. C'est, comme on voit, le contraire de notre esprit classique, lequel procède par raisonnements géométriques fondés sur des principes très simplifiés. Un tel esprit, excellent pour la discussion oratoire, sera frappé de stérilité quand il voudra réduire à ses formules la végétation touffue et changeante de la vie. Deux grands philosophes de notre XVIII° siècle ont démontré cette impuissance en étudiant les choses de la religion et de la politique comme ils eussent fait les propriétés d'un triangle. Le premier, Voltaire, est arrivé à cette critique sèche et médiocre, malgré sa verve, qui ne voit guère dans un prêtre qu'un fripon, et dans un fidèle qu'une dupe. Le second, Rousseau, a formulé cette théorie du contrat social dont l'influence désastreuse sur notre existence nationale commence à éclater aux yeux des plus prévenus. Ni l'un ni l'autre de ces deux célèbres agitateurs de consciences n'a deviné qu'une société comme une religion est un corps vivant, constitué par un principe intérieur qui rend cette religion et cette société d'abord légitimes, et en second lieu nécessaires par cela seul qu'elles existent. Dire d'une religion qu'elle est fausse ou d'une société qu'elle est mauvaise, est une formule très inintelligente et très dangereuse. C'est le rôle du psychologue de discerner ce qu'il y a de force positive et créatrice dans l'une et dans l'autre, et de diriger, s'il est possible, cette force. La force positive qui se manifeste par les symboles religieux est un sens du Divin qu'il faut discerner et qui n'est jamais négligeable, car il constitue ce qu'il y a de plus haut dans le cœur de l'homme. On arrive ainsi à concevoir qu'un dogme quelconque est vrai en un certain sens et faux en un autre. Comprendre cette part de vérité sans cesser de discerner la part d'illusion, c'est appliquer les procédés hégéliens de la logique des contradictoires, mais c'est aussi, suivant la phrase des sages de Rome « *mentem inserere mundo* », greffer son esprit sur le monde, comme une branche où vient circuler un peu de la sève de tout l'arbre.

Ainsi a fait M. Renan. Lisez attentivement cette page des *Questions contemporaines*, et l'admirable largeur de sa conception religieuse vous apparaîtra : « Toute forme religieuse est imparfaite, et pourtant la religion ne peut exister sans forme. La religion n'est vraie qu'à sa quintessence, et pourtant la trop subtiliser, c'est la détruire. Le philosophe qui, frappé du préjugé, de l'abus, de l'erreur contenue dans la forme, croit posséder la réalité en se réfugiant dans l'abstraction, substitue à la réalité quelque chose qui n'a jamais existé. Le sage est celui qui voit à la fois que tout est image, préjugé, symbole, et que l'image, le préjugé, le symbole, sont nécessaires, utiles et vrais. Le dogmatisme est une présomption, car, enfin, si parmi les meilleurs des hommes qui ont cru tour à tour posséder la vérité, il n'en est pas un qui ait eu complètement raison, comment espérer que l'on sera plus heureux ? Mais de même qu'on ne reproche pas au peintre de commettre un contresens puéril en représentant Dieu sous des formes finies, de même on peut admettre et aimer un symbole, dès que ce symbole a eu sa place dans la conscience de l'humanité... » Il y a une vérité enveloppée dans ces symboles, périssables tandis qu'elle est éternelle ; il y a un Dieu caché, — *Deus absconditus,*— qui se révèle tour à tour par les enseignements de plus en plus raffinés des dogmes. Quelle en est donc la définition ? Jusqu'ici, M. Renan n'avait fait que reproduire la thèse hégélienne des métamorphoses de l'Idée; soudain, il se détache de Hegel. Il redevient le Celte à imagination toute morale, et il définit cette essence divine, en ces termes qui ont été souvent cités avec une raillerie qui n'est guère de mise en pareille matière : « Dieu, dit-il, est la catégorie de l'idéal, c'est-à-dire la forme sous laquelle nous concevons l'idéal, en d'autres termes, *l'homme placé devant les choses belles, bonnes et vraies, sort de lui-même, et, suspendu par un charme céleste, anéantit sa chétive personnalité, s'exalte, s'absorbe. Qu'est-ce que tout cela, sinon adorer?...* »

Cette sympathie généreusement répandue sur les diverses illusions religieuses qui ont consolé le labeur de l'humanité, n'est pas le fait particulier de M. Renan. Elle lui est commune avec les plus grands penseurs de l'époque. On sait de reste que la majorité des Français professe une autre doctrine. Le fanatisme n'est pas près de s'en aller d'au milieu de nous. On s'en convaincra en examinant les articles de polémique où s'exprime l'opinion des dévots du catholicisme ou de l'athéisme, à l'égard de ceux qui ne se rangent point aux affirmations ou aux négations de leur dogme. Car il est une intolérance des négateurs, passionnée comme l'intolérance des croyants. On peut se demander si l'avenir appartient aux coreligionnaires de l'auteur de la *Vie de Jésus*, je veux dire à ceux qui reconnaissent sous tous les symboles l'aperception, inégale mais légitime, d'un idéal indéfinissable, ou bien si la maxime fameuse : « Qui n'est pas pour moi est contre moi, » continuera de dominer les consciences. C'est, en d'autres termes, une question de savoir si les dogmes doivent disparaître ou non, problème insoluble à l'heure présente. Outre qu'il est téméraire, en effet, d'induire du passé à l'avenir, puisque deux moments de la civilisation ne sont jamais identiques, est-il un procédé pour mesurer ce que l'âme humaine enveloppe en elle d'idéalisme ? Tout au plus est-il licite d'indiquer quelques-unes des conditions fatalement imposées dans l'avenir à tout dogme ancien ou nouveau. De ces conditions, la plus importante est assurément la science, qui, de place en place, gagne l'homme lui-même et les parties les plus hautes de son intelligence, pour en démontrer les lois nécessaires. A ce point de vue, ainsi que nous l'indiquions tout à l'heure, elle est une ennemie terrible de la religion, par cela seul qu'elle considère les dogmes et la foi comme des phénomènes d'ordre naturel, dont l'apparition s'explique aussi complètement que la structure d'un certain os dans le squelette d'un animal. Mais d'autre part la science fixe de jour en jour avec plus de précision la portée de son propre effort. Elle ne se contente pas de marquer ce qui est inconnu à l'intelligence humaine. Elle marque ce qui lui est inconnaissable. Elle s'avoue incapable de rechercher la substance et la raison suffisante des phénomènes qu'elle étudie. Le beau songe, qui fut celui du xviiie siècle, d'une explication rationnelle de l'univers, s'en est allé en même temps que le songe non moins séduisant d'une explication mystique. Conditionner des phénomènes les uns par rapport aux autres, la science le peut; et elle ne peut que cela, emprisonnée comme elle est dans l'incapacité de dégager une cause première par delà l'indéfinie série des phénomènes conditionnés. Ainsi la science rend impossible toute croyance aux révélations du surnaturel, et du même coup elle se proclame impuissante à résoudre les problèmes que la révélation résolvait jadis.

Quelques personnes ont cru remédier à cette singulière et nouvelle crise dont nous sommes menacés, en imaginant une humanité débarrassée du souci de l'au-delà et indifférente à ce qu'on appelle, en termes d'école, l'absolu. C'est une hypothèse toute gratuite, et qui semble peu d'accord avec la marche générale de la pensée humaine. Nous sommes en droit de préjuger tout au contraire que la civilisation, en s'avançant, affinera de plus en plus la sensibilité nerveuse, et de plus en plus développera cette mélancolie blasée des âmes qu'aucune volupté ne satisfait et qui souhaitent, en leur insatiable ardeur, de s'étancher à une source infinie. Il est probable que devant la banqueroute finale de la connaissance scientifique, beaucoup de ces âmes tomberont dans un désespoir comparable à celui qui aurait saisi Pascal s'il eût été privé de la foi. Le grand trou noir, d'où nous sortons dans la douleur pour y retomber dans la douleur, s'ouvrira devant elles, à jamais noir et à jamais vide! — Des révoltes éclateront alors, tragiques et telles qu'aucune époque n'en aura connu de pareilles. La vie sera trop intolérable avec la certitude que c'en est fini de comprendre et que le même point d'interrogation est pour toujours posé sur l'horizon. Il n'y aurait rien d'étonnant à ce qu'une secte de nihilistes s'organisât en ces temps-là, possédée d'une rage de destruction dont peuvent seuls avoir l'idée ceux qui ont connu les affres de l'agonie métaphysique. Savoir qu'on ne peut pas savoir, connaître qu'on ne peut pas connaître... ah! l'atroce angoisse et qui, répandue comme une épidémie parmi des millions d'hommes, deviendrait aisément le principe d'une sorte de croisade à rebours! En ces temps-là, et si le cauchemar que je viens d'évoquer se réalisait, d'autres âmes plus douces et plus inclinées à une interprétation heureuse de la destinée, opposeraient sans doute au pessimisme révolté un optimisme tristement apaisé. Si l'énigme de l'univers est inconnaissable, elle peut être résolue dans un sens qui soit en harmonie avec l'ensemble de nos besoins moraux et de nos exigences sentimentales. L'hypothèse consolante a ses chances d'être vraie au même titre que l'hypothèse désespérante. Nous avons dès aujourd'hui, en M. Renan, un exemplaire achevé des dispositions religieuses qui rallieraient les vagues croyants de cet âge cruel; et qui donc oserait affirmer que l'acte de foi sans formule auquel aboutit dès à présent l'optimisme désabusé de cet historien de notre religion mourante, n'exprime pas l'essence de ce qui doit demeurer d'immortellement pieux, dans ce magnifique et misérable temple du cœur humain?

IV

LE RÊVE ARISTOCRATIQUE DE M. RENAN

Les sentiments que j'ai essayé d'analyser sont, comme on voit, d'un ordre rare et qui suppose une culture d'exception. Les fleurs délicates ne grandissent pas sous les coups de vent et au soleil capricieux de la grand'route. Seulement dans l'air attiédi des serres, la pulpe parfumée de leur corolle s'épanouit. La science est à sa façon une serre chaude, et qui préserve les esprits de bien des brutalités de la vie réelle. L'auteur des *Dialogues philosophiques* est donc un personnage d'exception. Suivant un terme très fort dans sa simplicité, il est un homme supérieur, on pourrait presque dire qu'il est l'Homme Supérieur. Ajoutons qu'il possède au plus haut degré la conscience de cette supériorité, toujours reconnaissable en lui à un certain air d'ironie imperceptible et de dédain transcendantal. Dans les innombrables pages qu'il a écrites, l'insouciance de l'opinion du vulgaire est infiniment sensible. L'élégance discrète du style, dont aucune intention n'est soulignée, la subtilité des raisonnements, dont aucun ne se développe sur un ton impératif, la spécialité des sentiments, dont aucun ne s'exagère en vue d'attirer la sympathie, suffiraient à révéler chez M. Renan la présence d'un Idéal aristocratique, alors même que le maître-écrivain n'aurait pas eu soin de proclamer à mainte reprise qu'il est un domaine des initiés et qu'il est un domaine des simples. Son livre de politique sur la *Réforme intellectuelle et morale* contient l'argumentation la plus vigoureuse qui ait été dirigée depuis cent ans contre le principe même de la démocratie : l'égalité naturelle. Ses deux drames symboliques, *Caliban* et *l'Eau de Jouvence* peuvent se résumer dans cette réflexion que le prieur des Chartreux, assis dans sa stalle, formule tout bas, tandis que l'orgue prie seul et

que la foule se presse autour du Caliban couronné : « Toute civilisation est l'œuvre des
aristocrates... » Vérité que le démagogue
Caliban reconnaît, lui aussi, puisqu'à peine
possesseur du palais et du pouvoir de Prospero,
il adopte les façons d'agir de l'aristocratie ; et
M. Renan, toujours soucieux de corriger par
un sourire même ses plus chères affirmations,
a grand soin d'ajouter que le monstre de l'île
devient un prince fort passable. Prospero proclame « que le travail matériel est le serf du
travail spirituel. Tout doit aider celui qui
prie, c'est-à-dire qui pense. Les démocrates
qui n'admettent pas la subordination des individus à l'œuvre générale, trouvent cela monstrueux... » Enfin, les *Dialogues philosophiques*, dans leur partie intitulée : *Rêves*,
contiennent un plan complet de l'asservissement du plus grand nombre par une élite de
penseurs. Ce sont là quelques passages très
caractérisés entre mille autres. Ils suffisent à
montrer que la théorie aristocratique n'est pas
chez M. Renan le paradoxe d'un homme qui
se croit méconnu, ou le dandysme d'un raffiné
d'amour-propre qui aime à déplaire, comme
d'autres aiment à plaire, par coquetterie de

singularité. Non. C'est ici le résultat d'une réflexion profonde et le signe d'une doctrine qui vaut la peine d'être examinée dans quelques-unes de ses causes essentielles.

Une de ces causes, la plus inconsciente sans doute, mais non pas la moins active, me paraît être l'orgueil de l'hérédité. M. Renan ne serait pas un savant de notre époque, s'il ne croyait pas au dogme de la sélection et à la primauté des races qui ont su durer. C'est dire qu'il constate avec une légitime fierté les titres de cette famille celtique dont il est le fils. Il signale l'inhabileté de ses congénères à la conquête de l'argent, il admire leur idéalisme invincible, leur héroïsme doux, leur antiquité incorrompue. « Si l'excellence des races devait être appréciée par la pureté de leur sang et l'inviolabilité de leur caractère, aucune, il faut l'avouer, ne pourrait le disputer en noblesse aux restes encore subsistants de la race celtique... », écrivait-il déjà dans un des plus remarquables articles de ses *Essais de morale*. Serait-il téméraire de signaler dans ce sentiment du terroir natal le germe de l'idéal aristocratique si particulier à l'auteur des *Dialogues?* Mais ce sentiment n'aurait pas suffi. D'autres circonstances sont venues s'y adjoindre, plus déterminantes encore, qui se résument presque toutes dans cette formule d'homme supérieur que j'appliquais à M. Renan, — formule au premier abord très simple, mais qui se décompose à la réflexion en une série de caractères assez complexes. L'homme supérieur se distingue de l'homme de génie, lequel peut être assez inintelligent, et de l'homme de talent, lequel n'est souvent qu'un spécialiste, par la capacité de se former sur toutes choses des idées générales. Si cette capacité de généraliser ne s'accompagne point d'une égale capacité de création, l'homme supérieur reste un critique. Si c'est le contraire, et si le pouvoir créateur subsiste côte à côte avec le pouvoir de tout comprendre, l'homme supérieur devient une créature unique. Il fournit, en effet, le plus admirable type qu'il nous soit donné de concevoir : celui du génie conscient. C'est dans l'ordre politique, César ; dans l'ordre de la peinture, Vinci ; dans l'ordre des lettres, le grand Gœthe. Même lorsqu'il ne monte point à ces sommets, l'homme supérieur est une des machines les plus précieuses que la société ait à son service. Car l'universelle compréhension a, neuf fois sur dix, pour corollaire, l'universelle aptitude. Cette vérité, trop souvent méconnue, n'est-elle pas démontrée par l'exemple de l'Angleterre, où des conditions favorables ont plus particulièrement fait apparaître de nombreux exemplaires de haute culture? Qu'étaient-ils, sinon des hommes supérieurs, ces grands personnages politiques, capables, comme Macaulay ou Disraeli, d'appliquer aux compositions littéraires et aux luttes parlementaires, aux intérêts financiers et aux difficultés diplomatiques, une intelligence toujours préparée?

Imaginez maintenant que l'homme supérieur se trouve jeté par les hasards de sa naissance en plein courant démocratique, et vous apercevrez quels contrastes du milieu et du caractère ont amené M. Renan à la conception d'un Idéal si fort en dehors du rêve général de notre pays. La démocratie semble, au premier regard, un milieu très favorable au talent, puisqu'elle ouvre toutes les places à tous les efforts. Mais par cela même elle exagère la dure loi de la concurrence. Partant elle commande de plus en plus la spécialisation. Puis, une démocratie est fondée sur l'égalité. La conséquence logique de son principe la

6.

conduit à choisir le suffrage universel et direct comme le mode habituel de sa représentation politique. Il ne faut pas une grande vigueur d'analyse pour reconnaître que le suffrage universel est volontiers hostile à l'homme supérieur. Les dispositions d'esprit que la haute culture produit le plus ordinairement sont en effet la multiplicité des points de vue, le goût de la nuance, la défiance à l'égard des formules absolues, la recherche des solutions compliquées, — tous raffinements qui répugnent à l'amour des grands partis pris, forme naturelle de l'opinion populaire. D'une part donc, les mœurs démocratiques ne sont point favorables au développement de l'homme supérieur, et de l'autre les lois ne sont point favorables à son entrée aux affaires publiques. C'est ainsi que beaucoup d'esprits distingués de la France contemporaine se sont trouvés mis en dehors du recrutement gouvernemental, ou, s'ils ont triomphé de l'ostracisme auquel les condamnait leur divorce avec les passions communes, ç'a été précisément en dissimulant ce divorce et en s'emprisonnant dans des professions de foi dépourvues de haute impartialité intellectuelle.

L'homme supérieur, exilé dans ce que Sainte-Beuve appelait « la tour d'ivoire », assiste cependant au drame de la vie nationale en contemplateur qui voit de loin les possibilités futures. Est-il nécessaire de rappeler que tel personnage de cette race d'élite a manifesté, à force d'intelligence des causes, un véritable don de prophétie des effets à venir? Les désastres de 1870 ne se trouvent-ils point, pour ne citer qu'un seul exemple, prédits avec une étonnante exactitude dans la *France nouvelle* de Prévost-Paradol, ce vaincu, comme M. Renan, du suffrage universel? Il se comprend qu'une mélancolie singulière s'empare de ces nobles esprits sur lesquels pèse la conviction de leur puissance idéale et de leur impuissance réelle. Cette mélancolie est redoublée par le spectacle du triomphe insolent des médiocres. Certes, elle n'est pas sans quelque douceur. Il s'y glisse un peu de la volupté vantée par Lucrèce dans les vers fameux sur les temples élevés par la doctrine sereine, et d'où le sage aperçoit la frémissante mêlée des passions. Mais l'homme supérieur de nos jours ne connaîtra jamais dans leur plénitude les jouissances que leur système nerveux permettait aux anciens. L'intelligence peut beaucoup. Elle est impuissante à nous guérir de nos facultés natives. Que nous haïssions la démocratie ou que nous la vénérions, nous sommes ses fils et nous avons hérité d'elle un impérieux besoin de combat. Le xixe siècle obscur et révolutionnaire est dans notre sang, et nous interdit cette immobilité intérieure, cette ataraxie célébrée par les Épicuriens de la Grèce et de Rome. Il y a du trouble dans nos sérénités, comme il y a du trouble dans nos soumissions. Catholiques ou athées, monarchistes ou républicains, tous les enfants de cet âge d'angoisse ont aux yeux le regard inquiet, au cœur le frisson, aux mains le tremblement de la grande bataille de l'époque. Ceux mêmes qui se croient et qui se veulent détachés participent à l'universelle anxiété. Ils sont des révolutionnaires comme les autres, mais contre la bêtise humaine, — et cette révolte muette s'appelle le dédain.

Ce serait une étude curieuse que celle qui marquerait les diverses formes que ce dédain a revêtues parmi les lettrés contemporains. L'exagération des beautés techniques, propre à l'école des poètes assez ironiquement appelés

Parnassiens, ne procède-t-elle point de ce sentiment de l'*Odi profanum vulgus* ? Le *Bouvard et Pécuchet* de Gustave Flaubert a-t-il été composé sous une autre inspiration ? M. Taine aurait-il entrepris son *Histoire des origines de la France contemporaine*, s'il n'avait été tourmenté du souci d'y voir clair dans cette marée démocratique où il se sentait perdre pied ? Mais aucun écrivain n'a ressenti plus que M. Renan cette antithèse de l'homme supérieur et de la démocratie. Il faut lire et relire les pages des *Dialogues* où Théoctiste se représente la victoire d'une oligarchie de l'avenir, pour mesurer l'intensité de la passion que l'auteur déploie dans l'examen de ces problèmes. Il imagine que des savants arrivent à posséder des engins de destruction formidables, aménagés par des calculs d'une délicatesse infinie, et incapables d'être maniés sans une forte dose de connaissances abstraites. Et s'exaltant sur le pouvoir dont disposeraient ces oligarques de la chimie ou de la physique, le songeur s'écrie : « Les forces de l'humanité seraient ainsi un jour concentrées dans un petit nombre de mains et deviendraient la propriété d'une ligue capable de disposer de l'existence même de la planète et de terroriser le monde tout entier. Le jour, en effet, où quelques privilégiés de la raison posséderaient le moyen de détruire la planète, leur souveraineté serait créée ; les privilégiés régneraient par la terreur absolue, puisqu'ils auraient en leurs mains l'existence de tous. On peut presque dire qu'ils seraient dieux et qu'alors l'état théologique rêvé par le poète pour l'humanité primitive serait une vérité : « *Primus in orbe Deos fecit timor...* » N'attachons pas à cette tragique imagination une réalité plus grande que celle que l'auteur lui-même a prétendu y mettre. Mais reconnaissons qu'une telle fantaisie décèle un froissement inguérissable de tout le cœur, et que le savant qui a tracé ce lugubre tableau d'une terreur universelle infligée par une pile de Volta inouïe ou les explosions d'un mélange extraordinaire, n'a pas au fond de lui une tendresse profonde pour les utopies favorites de notre siècle.

Il est possible, en effet, qu'une divergence éclate entre ces deux grandes forces des sociétés modernes : la démocratie et la science. Il est certain que la première tend de plus en plus à niveler, tandis que la seconde tend de plus en plus à créer des différences. « Savoir, c'est pouvoir », disait le philosophe de l'induction. Savoir dix fois plus qu'un autre homme, c'est pouvoir dix fois ce qu'il peut, et comme la chimère d'une instruction également répartie sur tous les individus est, sans aucun doute, irréalisable, par suite de l'inégalité des intelligences, l'antinomie se manifestera de plus en plus entre les tendances de la démocratie et les résultats sociaux de la science. Il y a plusieurs solutions à cette antinomie, comme à presque tous les problèmes compliqués qui sont ceux de l'avenir des peuples modernes. M. Renan a indiqué une de ces solutions en formulant l'hypothèse des *Dialogues*. On en peut supposer une seconde qui serait tout simplement une application de la science à l'organisation des sociétés. Quand nous considérons, sans parti pris d'aucune sorte, les quelques principes qui servent de fondement à notre société du xixᵉ siècle, nous sommes contraints de reconnaître leur caractère cartésien et déjà très différent de notre philosophie moderne. Mais il y a un mouvement secret des intelligences. Les conceptions des Darwin et des Herbert Spencer se répandent dans l'atmosphère spi-

rituelle et pénètrent les nouveaux venus.
Ayons confiance dans la vertu de ces doctrines
qui bouleverseront la politique par contre-
coup, comme elles bouleversent les lettres
après avoir bouleversé les sciences naturelles.
Un temps approche où une société n'apparaîtra plus au regard des adeptes de la philosophie de l'évolution comme elle apparaît au regard des derniers héritiers de l'esprit classique.
On y verra non plus la mise en œuvre d'un
contrat logique, mais bien le fonctionnement
d'une fédération d'organismes dont l'individu
est la cellule. Une semblable idée est grosse
d'une morale publique toute différente de celle
qui nous régit à l'heure présente. Elle est ex-
clusive de toute différence entre le démocrate et
l'aristocrate, parce que cette différence suppose une classification arbitraire des divers
éléments sociaux. Si cette vision consolante
du xxe siècle n'est pas une simple chimère, on
peut considérer que les grands dédaigneux à la
façon de M. Renan sont des ouvriers très actifs
de sa réalisation, par cela seul qu'ils posent le
problème avec une extrême rigueur et qu'ils
font dès à présent saillir le conflit à venir **avec
un relief douloureusement suraigu.**

Ces notes sommaires sur un des hommes les plus remarquables de cette époque, indiquent à peine les trois ou quatre états de conscience qu'il représente aux yeux des jeunes gens qui lisent ses livres et en méditent les pages éloquentes et troublantes. Aucun écrivain n'a plus de nouveauté que lui dans les idées et dans les sentiments, parce qu'aucun n'a déployé plus de sincérité dans l'invention de ses idées et l'exposition de ses sentiments. Quiconque étudie les sources de vie morale infiltrées profondément dans la génération montante, rencontre un peu partout l'influence de l'auteur de l'*Histoire des origines du Christianisme.* Il faudrait être à cent années d'ici pour mesurer le degré de fécondation de cette influence. Il suffisait, pour la constater dès aujourd'hui sous plusieurs formes, de quelque bonne foi et de quelque respect. Quand on n'aurait pas le culte de ces deux grandes vertus intellectuelles, on le prendrait à vivre pendant quelques semaines dans l'intimité des livres de M. Renan, — car nul ne les a pratiquées avec plus de constance que celui qui invoquait, à la première page de sa *Vie de Jésus,* l'Ame pure d'une Morte vénérée, — et qui lui disait en une prière mélancoliquement élancée vers l'insaisissable au delà des heures obscures : « Révèle-moi, ô bon génie, à moi que tu aimais, ces vérités qui dominent la mort, empêchent de la craindre, et la font presque aimer !... »

III

GUSTAVE FLAUBERT

GUSTAVE FLAUBERT

—

Au cours de ces études sur les manifestations littéraires de la sensibilité contemporaine, j'arrive à parler d'un artiste qui, précisément, lutta, toute son existence durant, contre l'infiltration de la sensibilité personnelle dans la littérature. Depuis les années d'apprentissage, où ses amis, Bouilhet, Du Camp, Le Poitevin, l'écoutaient développer les projets de sa superbe adolescence, jusqu'à la période de travail lucide et à demi découragé, Gustave Flaubert n'a pas varié sur ce point de son esthétique, à savoir : « que toute œuvre est condamnable où l'auteur se laisse deviner... ». Un poète, à ses yeux, n'était véritablement le poète, le créateur, — au sens étymologique et large du mot, —

que s'il demeurait extérieur au drame raconté, s'il montrait ses héros sans rien révéler de lui-même. Aussi Flaubert est-il l'homme de lettres de ce siècle qui a le moins souvent écrit la syllabe *je* à la tête de sa phrase, cette syllabe dont l'égoïsme tyrannique révoltait déjà Pascal: « Le moi est haïssable », dit un fragment célèbre des *Pensées*. Mais le moraliste ajoute aussitôt : « Vous, Mitton, le couvrez, vous ne l'ostez pas pour cela... » Flaubert, de même, a couvert son moi. Il ne l'a pas ôté de son œuvre. Il en est de la pudeur littéraire comme de la pudeur physique. Le vêtement, fût-il de bure comme une robe de nonne, ou de soie molle comme un peignoir du matin, qui dérobe les formes fines et gracieuses d'un corps de femme, les indique encore, et trahit leur souplesse. Le vêtement de phrases qui vêt la sensibilité d'un écrivain a, lui aussi, ses trahisons et ses indications. Dans la préface qu'il a mise aux *Dernières Chansons* du laborieux Louis Bouilhet, n'est-ce pas Flaubert qui a dit du littérateur que « les accidents du monde lui apparaissent tous transposés comme pour l'emploi d'une illusion à décrire » ? Et cette illusion ne varie-t-elle pas avec les têtes qui l'élaborent ?

Chacun de nous aperçoit non pas l'univers, mais *son* univers; non pas la réalité nue, mais, de cette réalité, ce que son tempérament lui permet de s'approprier. Nous ne racontons que notre songe de la vie humaine, et, en un certain sens, tout ouvrage d'imagination est une autobiographie, sinon strictement matérielle, du moins intimement exacte et profondément significative des arrière-fonds de notre nature. Notre pensée est un cachet qui empreint une cire, et ne connaît de cette cire que la forme qu'il lui a d'abord imposée. Flaubert n'a pas échappé à la loi essentielle de notre intelligence. A travers tous ses livres, une même sensibilité se retrouve, très caractérisée et traduisant une aperception tout à fait personnelle des événements qu'elle colore de ses nuances, toujours les mêmes. J'essayerai de signaler celles d'entre ces nuances qui me paraissent plus particulièrement correspondre à des états nouveaux de l'Ame contemporaine; — celles qui font de Gustave Flaubert un chef de file pour quelques jeunes hommes. — Dix mille, ou mille, ou cent, qu'importe? Ne me suis-je pas condamné à l'analyse de l'exception, et, si l'on veut, à la nosographie, lorsque j'ai entrepris la recherche des singularités psychologiques éparses dans l'œuvre de nos écrivains les plus modernes ; — je veux dire ceux qui datent, qui marquent une découverte nouvelle dans cette science de goûter la vie amèrement et doucement, à laquelle se réduit peut-être tout l'Art?...

I

DU ROMANTISME

Un peu de réflexion suffit pour reconnaître que l'influence la plus profondément subie par Gustave Flaubert fut celle du romantisme finissant. Alors même que les *Souvenirs* de M. du Camp ne nous auraient point révélé cette profondeur d'influence ; quand nous n'aurions pas cette lettre à Louis de Cormenin, où l'auteur futur de *Madame Bovary* salue dans Néron « l'homme culminant du monde ancien », et formule la plus décisive profession de foi romantique, tout eût indiqué cette éducation première, dans la personne, dans les amitiés, dans les enthousiasmes, dans les procédés aussi du grand écrivain. La façon d'aller et de venir de ce géant à longues moustaches, la forme de ses chapeaux, la coupe de ses pantalons à la hussarde, l'enflure de sa voix, surtout, et l'ampleur de ses gestes, rappelaient, par une évidente analogie, le je ne sais quoi d'un peu théâtral, même dans la bonhomie, dernier reste d'un amour passionné du grandiose, qui éclate chez tous les survivants de cette époque dont Frédérick fut l'acteur typique. Comme les initiés de 1830, Flaubert prononçait les syllabes du nom de Victor Hugo avec vénération. Celui de ses aînés qu'il fréquenta le plus habituellement, et qu'il aima le mieux, fut Théophile Gautier, le « romantique opiniâtre », comme il s'appelait dans la pièce des *Émaux et Camées* :

> Les vaillants de mil huit cent trente,
> Je les revois tels que jadis.
> Comme les pirates d'Otrante,
> Nous étions cent, nous sommes dix!...

Quoique enrôlé sur le tard de la campagne, Flaubert était bien demeuré un de ces dix par son horreur du bourgeois, son adoration des métaphores truculentes, ses griseries de couleurs et de sonorités. Des phrases de Chateaubriand l'exaltaient. Il en récitait les magnifiques périodes avec cette voix de tonnerre qu'il définissait lui-même, quand il disait : « Je ne sais qu'une phrase est bonne qu'après l'avoir fait passer par mon *gueuloir*... » Ceux qui l'ont approché se souviennent du frémissement avec lequel il criait, plutôt encore qu'il ne la déclamait, cette mélopée sur la lune, dans *Atala :* « ... Elle répand dans les bois ce grand secret de mélancolie qu'elle aime à raconter aux vieux chênes et aux rivages antiques des mers. » Volontiers Flaubert aurait voué à l'exécration de la postérité l'honnête Morellet, qui commenta jadis ce passage : « Je demande ce que c'est que le. grand secret de mélancolie que la lune raconte aux chênes? Un homme de sens, en lisant cette phrase recherchée et contournée, en reçoit-il quelques idées nettes? » Qu'aurait pensé le classique abbé de cette autre cantilène sur le clair de lune qui se trouve au chapitre XIII de la seconde partie de *Madame Bovary :* « ... La tendresse des anciens jours leur revenait au cœur, abondante et silencieuse comme la rivière qui coulait, avec autant de mollesse qu'en apportait le parfum des seringas, et projetait dans leurs souvenirs des ombres plus démesurées et plus mélancoliques que celles des saules immobiles qui s'allongeaient sur l'herbe. » L'abbé eût rangé l'auteur de ce morceau de prose, si musicalement exécuté, dans la coupable école littéraire où il avait déjà rangé le premier, — et, pour une fois, il aurait eu raison.

On se tromperait, me semble-t-il, en apercevant dans ce romantisme de Flaubert un simple fait de rhétorique. Et d'ailleurs, quand il s'agit d'un homme qui a vécu pour les lettres, uniquement, les faits de rhétorique sont aussi des faits de psychologie, tant les théories d'art se mêlent intimement à la personne, et la façon d'écrire à la façon de sentir. Pour bien comprendre les origines de beaucoup d'idées et de beaucoup de sensations de Flaubert, il faut donc décomposer ce mot de romantisme et le résoudre dans les divers éléments qu'il représente. La tâche est moins aisée qu'on ne croirait, car ce mot, comme tous les termes à la fois synthétiques et vagues où se résument des sentiments en voie de formation, a fait boule de neige depuis son origine, et s'est tour à tour grossi des significations les plus contradictoires. Il paraît avoir désigné d'abord l'impression des paysages vaporeux et de la poésie songeuse du Nord, par contraste avec les paysages à vives arêtes et la poésie à lignes précises de nos contrées latines. On disait communément, au commencement du siècle, que l'Écosse abonde en sites romantiques. Aux environs de 1830, le mot traduisait, en même temps qu'une révolution dans les formes littéraires, tout un rêve de la vie, à la fois très arbitraire et très exalté, surtout sublime; au lieu qu'aujourd'hui, et sous l'influence inévitable d'une réaction prévue, ce cri de ralliement des novateurs d'il y a cinquante ans est devenu le synonyme d'enthousiasme factice et de poésie conventionnelle. L'histoire, qui ne se soucie ni des ferveurs ni des dénigrements, gardera le mot, et très vraisemblablement adoptera, avec une faible variante, la définition que Stendhal donnait dans son pamphlet sur *Racine et Shakespeare :* « Le Romanticisme (*sic*) est l'art de présenter aux peuples les œuvres littéraires qui, dans l'état actuel de leurs habitudes et de leurs croyances, sont susceptibles de leur donner le plus de plaisir possible... » Actuel? Stendhal écrit en 1820. Les jeunes Français de cette époque s'inventèrent des raisonnements et des sentiments si peu analogues aux raisonnements et aux sentiments de leurs pères du XVIIIe siècle, qu'une étiquette nouvelle devint nécessaire. Un Idéal s'élabora, aujourd'hui disparu avec la génération qui le conçut à son image. Cet Idéal enveloppe l'essence de ce que fut le Romantisme : c'est lui dont Flaubert subit la fascination lorsque, du fond de sa province, il lut et relut les poètes nouveaux et s'intoxiqua pour toujours de leurs imaginations extraordinaires et dangereuses.

Un premier caractère de l'Idéal romantique est ce que je nommerai, faute d'un terme plus précis : l'exotisme. Victor Hugo écrit les *Orientales*, Alfred de Musset compose les *Contes d'Espagne et d'Italie*, Théophile Gautier transporte son Albertus

Dans un vieux bourg flamand, tels que les peint Teniers.

La fuite et la haine du monde moderne et contemporain se manifestent par des fantaisies de la plus bizarre archéologie. Les romans goguenards que ce même auteur d'*Albertus* a réunis sous le titre de : *les Jeune-France*, décrivent très exactement cette manie du décor lointain, et la fine ironie du conteur accuse mieux les lignes du portrait. C'est qu'en effet, dès l'entrée du siècle, un bouleversement européen a contraint l'Ame française de passer les frontières et de traverser le spectacle varié du vaste monde. Les guerres de la Révolution et de l'Empire ont fait terriblement voyager notre peuple, par nature casanier comme il est économe. Parmi les hommes mûrs qu'un jeune curieux de 1820 rencontre dans un salon, et qu'il entend causer, beaucoup ont fait campagne et vu l'Autriche, l'Allemagne, l'Italie, la Russie, l'Espagne, parfois l'Égypte. D'autres ont vécu les longues années de l'émigration en Angleterre, ou sur les bords du Rhin, dans les villes qui sentent le tilleul, comme Coblence aux beaux soirs d'été, auprès des châteaux écroulés des hauts barons du moyen âge. Beaucoup ont dû apprendre les langues. Plusieurs ont découvert des littératures. Ils ont plus ardemment admiré, grâce à l'attrait de la nouveauté, l'étrange imagination germanique, si différente de notre imagination traditionnelle. De cette expérience, multipliée et variée à l'infini, sortira plus tard l'esprit critique, particulier à notre XIXᵉ siècle érudit et compliqué.

Une vérité apparaît, confuse encore et enveloppée, mais déjà perceptible, à savoir : qu'il y a beaucoup de façons légitimes, bien que contradictoires, de rêver le rêve de la vie. Le romantisme est la première intuition de cette vérité, certainement plus favorable à la science qu'à la poésie, et au dilettantisme qu'à la passion. Pourtant les romantiques se croient des créateurs et non pas des critiques. S'ils ouvrent la voie aux historiens de l'heure présente et à la vaste enquête de nos psychologues, c'est d'une façon naïve et involontaire. Les jeunes ribauds en gilet rouge qui vident des *bowls* de punch pour imiter lord Byron, qui laissent pousser leurs chevelures comme des rois mérovingiens, qui sacrent avec des jurons du xv⁰ siècle, ne se doutent guère qu'ils sont les pionniers d'un âge d'exégèse et de documents. Il en est ainsi néanmoins. Ces adorateurs des milieux étrangers et des siècles disparus font la même besogne que nous nous essayons à réaliser aujourd'hui. Ils se figurent des civilisations contradictoires et s'efforcent de les pénétrer. Seulement, nous travaillons à comprendre ce qu'ils travaillaient à sentir ou mieux à s'approprier. Là où nous apportons le désintéressement intellectuel dont Gœthe a le premier donné l'exemple, nous appliquant à nous renoncer nous-même, dépouillant notre sensibilité, prêtant notre personne, — les Romantiques apportaient les exigences d'une passion frémissante et jeune. Ils voulaient, non pas se représenter les mœurs d'autrefois et les âmes lointaines, mais vivre ces mœurs, mais avoir ces âmes, si bien que, par une inconsciente contradiction, ces fanatiques de l'exotisme étaient en même temps les plus personnels des hommes, les plus incapables de s'abdiquer eux-mêmes pour se transformer en autrui.

C'est là un second caractère de l'Idéal romantique : l'infini besoin des sensations intenses. La Révolution et l'Empire n'ont pas eu pour seul résultat des promenades pittoresques à travers l'Europe ; les âmes ont reçu le contre-coup des tragiques événements de l'épopée républicaine et impériale. Elles en sont demeurées toutes troublées, en proie à d'étranges malaises. Des nostalgies de grandeur devaient hanter et hantèrent les songes de ces enfants conçus entre deux batailles, qui avaient vu Murat cavalcader en habit rose, le maréchal

Ney passer avec « ses cheveux blonds et sa grosse figure rouge » [1], et l'empereur flatter, avec sa main de femme, le col de sa monture favorite. Les coups de canon de ces années-là ne tuèrent pas seulement des envahisseurs du sol natal ; ils annoncèrent la fin d'une sensibilité, parce qu'ils annonçaient la fin d'une société. Les analyses ténues, la jolie et frêle littérature de salon, les correctes inventions de l'âge classique ne pouvaient plus satisfaire des têtes où flamboyait le souvenir des drames réels, des véritables tragédies, des vivants romans de l'époque héroïque. Alfred de Musset, dans les premières pages de la *Confession d'un Enfant du siècle*, a bien montré la détresse des jeunes gens d'après 1815 et leur inexprimable malaise, — détresse et malaise que les imaginations désordonnées du romantisme consolèrent à peine. Ajoutez que, pour la première fois, les plébéiens arrivaient à la royauté du monde, s'emparant des jouissances et supportant les souffrances d'une civilisation très avancée, avec des âmes toutes neuves. Ajoutez que, pendant des années, l'éducation

1. Beyle, *la Chartreuse de Parme*. — Henri Heine, *le Tambour Legrand.*

classique avait été interrompue. La poussière
des livres anciens, si dense et enveloppante,
n'avait plus séparé les jeunes hommes de l'âpre
expérience personnelle. Toutes ces influences,
et d'autres encore, — telles qu'une surabon-
dance de la sève physique, enrichie par les
sélections de la guerre et fortifiée par la vie
active, — produisirent une lignée de créatures
inquiètes, effrénées, vigoureuses, qui divini-
sèrent la passion. Non seulement l'Idéal romantique supposa un décor complexe et contradictoire, mais il exigea dans ce décor des
âmes toujours tendues, des âmes excessives,
et capables d'un renouvellement constant de
leurs émotions. On acquerra une notion de ces
exigences en étudiant, du point de vue psychologique, ces trois livres parus à quelques années
de distance l'un de l'autre, et les plus réfléchis
peut-être d'alors : le *Volupté* de Sainte-Beuve,
la *Mademoiselle de Maupin* de Gautier, le
Rouge et Noir de Stendhal. Les trois héros en
sont surhumains : le premier, Amaury, par
son inépuisable effusion mystique ; le second,
d'Albert, par son infatigable élan vers le Beau ;
le troisième, Julien, par l'intarissable jet de
sa volonté. La consommation d'énergie senti-

mentale que fait chacun d'eux est inconciliable avec les lois de n'importe quel organisme et de n'importe quel développement cérébral. Aussi les écrivains ont-ils façonné leurs personnages, non point d'après nature, mais à l'image de leur rêve intérieur, qui leur était commun avec les déchaînés de la génération nouvelle.

Il est des conceptions de l'art et de la vie qui sont favorables au bonheur de ceux qui les inventent ou qui les subissent. Il en est dont l'essence même est la souffrance. Constitué par les deux éléments que j'ai marqués, l'Idéal romantique aboutissait nécessairement au pire malheur de ceux qui s'y livraient tout entiers. L'homme qui rêve à sa destinée un décor d'événements compliqués, a toutes les chances de trouver les choses en désaccord avec son rêve, s'il est né surtout dans une civilisation vieillissante, où la distribution plus générale du bien-être s'accompagne d'une certaine banalité des mœurs privées et publiques. L'homme qui se veut une âme toujours frémissante, et qui se prépare à une abondance continue de sensations et de sentiments, a toutes les chances de manquer au programme qu'il s'est imposé à lui-même. « Nous n'avons dans le cœur ni de quoi toujours souffrir ni de quoi toujours aimer, » a dit un observateur doucement triste. A ne pas admettre cette vérité, on risque de se-décevoir soi-même et de se mépriser quand on constate en soi les insuffisances de sensibilité qui sont notre lot à tous. C'est le second germe de douleur qu'enveloppe l'Idéal romantique. Non seulement il conduit l'homme à être en disproportion avec son milieu, mais il le met en disproportion forcée avec lui-même. C'est l'explication de la banqueroute que le romantisme a faite à tous ses fidèles. Ceux qui avaient pris ses espérances à la lettre ont roulé dans des abîmes de désespoir ou d'ennui. Tous ont éprouvé que leur jeunesse leur avait menti et qu'ils avaient trop demandé à la nature et à leur propre cœur. Beaucoup se sont guéris en s'accommodant à leur milieu ou en se persiflant eux-mêmes. Quelques-uns sont demeurés blessés, et Flaubert plus profondément qu'aucun autre, parce que son tempérament et les circonstances l'avaient précipité plus ardemment vers cet Idéal.

Tout, en effet, devait lui plaire de ce romantisme, — et tout lui en plut. Sa personne était taillée pour une existence démesurée et magnifique. Les frères de Goncourt écrivaient sur lui dans leurs *Hommes de lettres* « qu'il semblait porter la fatigue de la vaine escalade de quelque ciel ». Ceux qui l'ont vu durant les dernières années de sa vie, fatigué par l'âge et le labeur, se le rappellent comme un Titan vaincu. Y avait-il en lui l'obscur atavisme des Normands de sa province, et son sang roulait-il des gouttes de ce sang des anciens pirates en qui semblaient avoir passé l'inquiétude, la sauvagerie et la puissance de leur cruel Océan? Toujours est-il que, dans sa première jeunesse, Gustave Flaubert paraît avoir connu, comme état normal, une exaltation continuelle, faite du double sentiment de son ambition grandiose et de sa force invincible. Les poètes de son époque trouvèrent en lui un lecteur à la taille de leur fantaisie, comme il trouva en eux des imaginations à la taille de sa sensibilité. Toute l'effervescence de son sang se tourna donc en passion littéraire, comme il arrive, vers la dix-huitième année, aux âmes précoces qui trouvent, dans l'énergie d'un style ou les intensités d'une fiction, de quoi tromper le besoin d'agir beaucoup et de trop sentir qui les tourmente. Mais les dispositions de Flaubert tout jeune ont été dépeintes par lui dans une des rares pages où il ait confessé quelque chose de ses émotions personnelles. J'emprunte encore ce fragment à la préface des *Dernières Chansons* : « J'ignore quels sont les rêves des collégiens. Mais les nôtres étaient superbes d'extravagance,— *expansions dernières du romantisme arrivant jusqu'à nous, et qui, comprimées par le milieu provincial*, faisaient dans nos cervelles d'étranges bouillonnements... On n'était pas seulement troubadour, insurrectionnel et oriental, on était avant tout artiste. Les pensums finis, la littérature commençait, et on se crevait les yeux à lire au dortoir des romans ; on portait un poignard dans sa poche comme Antony. On faisait plus : par dégoût de l'existence, Bar*** se cassa la tête d'un coup de pistolet ; And*** se pendit avec sa cravate. Nous méritions peu d'éloges, certainement. Mais quelle haine de toute platitude ! Quels élans vers la grandeur ! Quel respect des maîtres ! Comme on admirait Victor Hugo !... » J'ai souligné dans cette citation la ligne qui me paraît la plus caractéristique des circonstances où grandit l'adolescence de Flaubert. On était aux environs de 1840. A Paris, la réaction contre le romantisme commençait; — mais en province, le triomphe de ce même romantisme était dans sa plénitude. Ce qui se démodait au regard des jeunes habitués du perron de Tortoni, — alors non mutilé, — procurait aux jeunes liseurs de Rouen les délices d'une initiation et l'enchantement d'une découverte. La vie provinciale a de ces retards qui sont des sagesses, comme elle a de ces lenteurs qui sont des fécondités; et, lente et tardive, elle élabore des passions d'une saveur profonde. L'âme des Parisiens traverse trop de sensations variées, elle s'y dépouille de sa force comme les vins qui traversent trop de bouteilles. Romantique par sa race et par son éducation, Flaubert le fut d'autant plus énergiquement qu'il resta provincial, et c'est son originalité supérieure, jusqu'à son dernier jour. Ayant embrassé l'Idéal romantique avec tant de ferveur, plus qu'aucun autre il devait ressentir et il ressentit les mélancolies que cet Idéal enveloppe — par définition, comme diraient les mathématiciens; — et, de fait, aucun autre ne fut plus complètement en désaccord avec son milieu et avec sa propre chimère. On peut considérer, sans paradoxe, que le malin génie de la nature s'amusa rarement à mettre un de ses plus superbes enfants dans de plus savantes conditions de déséquilibre.

A lire les *Souvenirs littéraires* que M. du Camp a publiés cette année même sur son grand ami, précisément il est loisible de suivre le détail de la jeunesse de l'écrivain et d'assister aux désastres de sa première expérience. Tout n'est ici que contraste et que froissements. Gustave· Flaubert n'a pas une idée commune avec le docteur, son père ; pas une idée commune avec les Rouennais, au milieu desquels il a pourtant grandi, — mais combien dissemblable, et comme il les haïssait, sa conversation en faisait foi ! Les compatriotes de Gustave, comme son père, étaient des créatures d'action et non pas de rêve, à qui la littérature était le plus volontiers indifférente, quelquefois hostile. L'homme un peu simple s'irrite si aisément contre les finesses qu'il ne comprend pas ! Flaubert songeait-il à cette étrange loi de la conscience populaire, lorsqu'il décrivait dans la *Tentation de saint Antoine* cette scène d'une insurrection égyptienne :
« Et on se venge du luxe ; ceux qui ne savent pas lire déchirent les livres ; d'autres cassent,

détruisent les statues, les peintures, les meubles, les coffrets, *mille délicatesses dont ils ignorent l'usage, et qui, à cause de cela, les exaspèrent...* » Mais surtout, l'enthousiaste camarade de Bouilhet n'avait pas une idée commune avec son pays. Toute la France du temps de Louis-Philippe était parfaitement désintéressée des lettres... Ne l'est-elle pas encore aujourd'hui, et dans aucune des grandes nations d'Europe rencontrerez-vous une indifférence pour la littérature contemporaine égale à celle que notre classe moyenne manifeste à toute occasion ? Où laisserait-on vendre aux enchères les manuscrits d'un écrivain de la valeur de Balzac, sans que l'État parût se douter que le marteau du commissaire-priseur a disposé d'une richesse publique ? Mais qu'attendre d'une bourgeoisie chez laquelle il est de règle que les études finissent vers l'âge de vingt ans, et qui ne comprend pas que les privilèges de la fortune et du loisir deviennent des principes destructeurs pour la classe qui les possède, s'ils ne se transforment pas en instruments de supériorité intellectuelle et politique ? Personne ne sentit ces défaillances de notre aristocratie territoriale et financière avec plus d'amertume que

Flaubert. Une lettre peu connue, qu'il adressa au conseil municipal de Rouen après la mort de Bouilhet, renferme une expression indignée jusqu'à l'éloquence de sa colère contre la médiocrité d'idées de la bourgeoisie. Il ne voyait pas que ce défaut de haute culture est inhérent à l'absence de profond idéalisme dont la France a tour à tour tant souffert et tant profité. Parfaitement douée pour l'analyse et pour la logique, la tête française est d'une pauvreté d'imagination qui étonne, lorsqu'on la compare aux têtes du Nord et à leur magique pouvoir de rêve, aux têtes du Midi et à leur magique pouvoir de vision. Nous sommes bien les fils d'une contrée mixte, d'un paysage habituellement médiocre, d'une civilisation toute clémente et modérée. C'est là de quoi faire un peuple de subtils raisonneurs, d'industrieux travailleurs, de politiciens aiguisés. Il semble que les vastes spéculations intellectuelles comme les fécondes inventions artistiques veulent un autre milieu et d'autres hommes. Aussi les unes et les autres sont-elles, chez nous, l'apanage d'une élite. Flaubert aperçut ces vérités, mais il les aperçut sans bien se les expliquer et avec fureur, au lieu de les considérer avec l'indul-

gence apaisée et l'indifférence transcendan-
tale du philosophe devant la cohue des sottises humaines. Ces sottises hantaient Flaubert, le soulevaient, le ravageaient. Cette âme
forcenée se précipitait en des colères tragiques
ou en des ironies féroces, chaque fois qu'une
de ces sottises se présentait. « C'est énorme!...»
ce cri, qu'accompagnaient une agitation des bras
et une convulsion de la face, trahissait chez le
créateur d'Homais et de Bournisien une exaltation extraordinaire en présence de quelque
colossale preuve d'inintelligence. Il semblait
qu'il y eût en lui quelque chose de ce qu'é-
prouve le saint Antoine de la *Tentation*, lorsqu'il aperçoit le Catoblepas, cet animal si parfaitement abruti qu'il s'est dévoré les pattes
sans s'en apercevoir. « Sa stupidité m'attire...»
s'écrie l'ermite. Aussi Flaubert, qui se trouvait
au supplice par la seule rencontre de la médiocrité imbécile et satisfaite, se complaisait-il à
inventorier minutieusement toutes les ignorances et les misères morales des créatures
manquées, dont il subissait, dont il recherchait
la bêtise; et ces créatures pullulent sur le tard
de la civilisation, par cela seul que la culture
s'essayant sur un très grand nombre de cer-

veaux, la quantité des déchets est formidable.

En contradiction avec son milieu et avec son temps, Flaubert était aussi en contradiction avec lui-même. De bonne heure, touché d'un mal incurable, il put mesurer le peu que nous sommes et sentir l'extrémité de sa force, lui qui avait pris son élan comme pour aller à l'infini. L'analyse en outre, cette lampe allumée sur notre front comme la lampe des mineurs et qui nous permet de tout voir des gouffres où nous descendons, éclairait cruellement son cœur sur ses propres insuffisances. Le plus grand malheur qui puisse arriver à un écrivain est assurément de joindre ce pouvoir d'analyse au pouvoir de poésie. Son imagination, à propos d'un événement à venir, lui permet de se configurer des félicités ou des douleurs excessives; puis, l'événement une fois survenu, l'observateur se regarde, constate la disproportion entre ce qu'il attendait d'émotion et ce qu'il en éprouve réellement; et le contraste est tel que la sécheresse en résulte aussitôt, ou du moins ce morne désespoir, fait de la conviction de l'impuissance sentimentale, qui pousse l'homme aux pires expériences. Flaubert évita ces expériences, mais il n'évita pas ce désespoir. Les lettres que nous pouvons lire de lui à l'occasion de la mort d'une sœur pourtant bien-aimée, renferment de singuliers et mélancoliques aveux sur cette aridité douloureuse d'une âme qui ne se sent plus sentir, parce que sa pensée a tout épuisé d'avance : « Et moi? J'ai les yeux secs comme un arbre. C'est étrange. Autant je me sens expansif, fluide, abondant et débordant, dans les douleurs fictives, autant les vraies restent dans mon cœur, âcres et dures. Elles s'y cristallisent à mesure qu'elles y survivent... J'était sec comme la pierre d'une tombe, mais horriblement irrité... » Reconnaissez-vous l'amer sentiment d'une disproportion entre un je ne sais quoi qui pourrait être, et ce qui est ? Enfin, pour que rien ne fût épargné à ce pessimiste des éléments inconciliables et qui peuvent empêcher une âme d'être en harmonie avec le monde et avec elle-même, l'éducation de Flaubert avait été double. Au même moment qu'il se repaissait des romanciers et des poètes, il subissait une forte discipline scientifique, en sorte que cet artiste en images était un physiologiste, et ce lyrique un érudit minutieux. Tout se heurtait et se choquait dans cette personnalité complexe , plus préparée qu'aucune autre à dégager le principe de nihilisme que l'Idéal romantique enveloppe en lui. « As-tu réfléchi, écrivait Flaubert jeune à son ami préféré, as-tu réfléchi combien nous sommes organisés pour le malheur ? » Et ailleurs : « C'est étrange, comme je suis né avec peu de foi au bonheur. J'ai eu, tout jeune, un pressentiment complet de la vie. C'était comme une odeur de cuisine nauséabonde qui s'échappe par un soupirail. On n'a pas besoin d'en avoir mangé pour savoir qu'elle est à faire vomir !... » Et de fait, infatigablement et magnifiquement, ce que Flaubert a raconté, c'est le nihilisme des âmes pareilles à la sienne, toutes déséquilibrées et disproportionnées. Mais à travers son destin il a vu le destin de beaucoup d'existences contemporaines, — et cela seul donne à ce romantique torturé une place de haut moraliste.

II

DU NIHILISME DE GUSTAVE FLAUBERT

C'est à travers son destin que Flaubert a vu le destin de toute existence, — et, en effet, la cause du malheur de tous ses personnages est, comme chez lui, une disproportion. Même, généralisant cette remarque, il semble reconnaître que cette disproportion n'est pas un accident. C'est à ses yeux une loi constante que tout effort humain aboutit à un avortement, d'abord parce que les circonstances extérieures sont contraires au rêve, ensuite parce que la faveur même des circonstances n'empêcherait pas l'âme de se dévorer en plein assouvissement de sa chimère. Notre désir flotte devant nous comme le voile de Tânit, le *zaïmph* brodé, devant Salammbô. Tant qu'elle ne peut le saisir, la jeune fille languit de désespoir, et quand elle l'a touché, il lui faut mourir. Suivez, à travers les principaux personnages des cinq romans qu'a publiés Flaubert, la mise en œuvre de cette théorie psychologique sur la misère de notre vie. Est-ce que les premiers songes d'Emma Bovary ne la réservent pas à une poésie enchantée de toutes les heures? Quoi de plus noble que la nostalgie d'une belle vie sentimentale, et quel plus rare signe d'une âme délicate que de se façonner d'avance une tendresse choisie? Que la jeune fille du fermier Rouault ressente en elle la soif d'une infinie félicité, qu'elle souhaite cette félicité caressante comme le clair de lune qui vaporise les brumes de ses prairies natales, qu'elle l'imagine féconde en renouvellements et compliquée comme les chimériques histoires où se délecte sa curiosité virginale, qu'elle l'enveloppe dans un décor somptueux et raffiné, opulent et gracieux, comme on désire à une belle peinture un cadre qui ne la déshonore point; — qu'y a-t-il là qui ne prouve une nature exquise et tout facilement fine? Comme les gaucheries mêmes de ces premiers songes attestent leur naïveté!... Comme aussi la vie, — cette vie qui nous humilie à tous le cœur, — se charge de tourner à la perte de la pauvre femme cette exquisité de nature et cette finesse! Ils vont tomber dans la bourbe de tous les mauvais chemins, « comme

des hirondelles blessées, » ces premiers beaux
songes. La stupidité de son mari et la misère
de son milieu lui sont trop dures, et la livrent
sans défense à un premier amant qui la dé-
prave et l'abandonne. La brutalité de celui-là
prépare la malheureuse à mieux goûter la finesse du second, mais celui-ci n'est que lâcheté
déguisée et qu'égoïsme faussement tendre...
Et elle se dit avec l'âcre saveur de ses fautes
dans la poitrine : « Ah! si dans la fraîcheur
de sa beauté, avant les souillures du mariage
et la désillusion de l'adultère, elle avait pu
placer sa vie sur quelque grand cœur solide,
alors la vertu, la tendresse, les voluptés et le
devoir se confondant, jamais elle ne serait des-
cendue d'une félicité si haute... » Elle est de
bonne foi, à cette heure amère ; elle rend justice à ce qu'il y a de sublime dans ses pires
égarements, lorsqu'elle condamne l'odieuse
vilenie des circonstances qui la garrottent. Et
cependant, cette félicité si haute lui eût été ac-
cordée, ce grand cœur solide se serait offert,
que cela même n'eût pas comblé l'abîme
plaintif et trop profond de son cœur à elle.
Aux jours de son adultère le plus enivré, quand
elle se précipitait sur la poitrine de son amant

avec l'ardeur presque tragique de l'idéal pos-
sédé, — car elle croyait le posséder, — « *elle
s'avouait ne rien sentir d'extraordinaire...* »
A quoi bon alors ? Et n'apercevez-vous point
le mensonge du désir qui nous fait osciller
entre la brutalité meurtrière des circonstances
et les impuissances plus irréparables encore
de notre sensibilité ?

Pareillement le Frédéric Moreau de l'*Éducation sentimentale* qui, à vingt-deux ans,
« trouve que le bonheur mérité par l'excellence
de son âme tarde bien à venir, » n'a pas si
tort de considérer que cette âme est, en effet,
d'une qualité rare. Parmi tous les objets qu'un
homme, jeune et fier, peut désirer, il a choisi
les plus désirables, ceux dont la possession
vaut vraiment qu'on vive : une grande puissance d'artiste, un grand amour. Mais en cela,
tout semblable à Emma Bovary, ce qu'il a en
lui de meilleur sera la cause de sa perte. Il
manquera sa destinée pour avoir eu des facultés supérieures à son milieu. Et se guérit-on
de ses facultés ?... Créature fine et douce, il
éprouve un désir inné de plaire. C'est la fata-
lité des personnes à imagination psychologique. A se figurer trop complètement les im-

pressions que ressentent les autres, leur antipathie est trop présente, on en souffre trop. Ce désir de plaire, si humain, si charitable, au plus beau sens du mot, condamnera Frédéric aux amitiés banales, à la dispersion de son temps et de sa fortune, à des soumissions devant qui ne le vaut pas. Il est puni, de quoi? De ne pas savoir mépriser. Son rêve d'une vie exaltée, ce si noble rêve qui permet seul d'égaler en les comprenant les nobles âmes des nobles artistes, le fera, lui, s'user sur place, dans l'attente d'un je ne sais quoi de définitif qui ne viendra jamais. Au lieu de canaliser sa force dans le travail quotidien d'une carrière stricte, il stagnera jusqu'à en croupir dans une douloureuse oisiveté. Son goût pour un unique amour, cette poursuite d'un fantôme idéal, — qui est la secrète chimère de tout poète, qui était la chimère secrète de Flaubert lui-même, — aboutira au désir éternellement inapaisé de Mme Arnoux. La robe de cette femme flotte devant les yeux de Frédéric, et l'empêche d'aimer vraiment ses maîtresses. Et qu'il n'arrive jamais à étreindre ce fantôme, dont le charme suprême est d'être un fantôme, car alors il s'apercevrait trop qu'il a vécu d'un néant... Et il vit pourtant, roulé comme un galet par la marée de ses heures, de plus en plus incapable d'une volonté qui triomphe de la pression énorme des menus faits, de plus en plus incapable, s'il en triomphait, d'égaler ses désirs par ses jouissances, si bien que les conditions extérieures lui étant contraires, et les conditions intérieures, la plus complète banqueroute est aussi la plus méritée.

Mais Emma Bovary, mais Frédéric, sont le produit d'une civilisation fatiguée, ils auraient développé toute leur vigueur s'ils étaient nés dans un monde plus jeune... ; c'est du moins ce que nous pensons d'eux, ce que nous pensons de nous, lorsqu'en proie aux affres de l'épuisement, cette trop pénible rançon des bienfaits du monde moderne, nous nous prenons à regretter les âges lointains de l'énergie sauvage ou de la foi profonde. Qui ne s'est répété, aux minutes de trop grande fatigue de civilisation, le mot célèbre : « Je suis venu trop tard... » Flaubert répond à ce cri nostalgique en démontrant que la somme des contradictions intérieures et des contradictions extérieures était égale, dans ce monde plus jeune, à celle qui fait le malaise de notre monde trop vieux. Quand Salammbô s'empare du zaïmph, de ce manteau de la Déesse « tout à la fois bleuâtre comme la nuit, jaune comme l'aurore, pourpre comme le soleil, nombreux, diaphane, étincelant, léger..., » elle est surprise, comme Emma entre les bras de Léon, de ne pas éprouver ce bonheur qu'elle imaginait autrefois : « Elle reste mélancolique dans son rêve accompli... » L'ermite saint Antoine, sur la montagne de la Thébaïde, ayant, lui aussi, réalisé sa chimère mystique, comprend que la puissance de sentir lui fait défaut ; il cherche avec angoisse la fontaine d'émotions pieuses qui jadis s'épanchait du ciel dans son cœur. « Elle est tarie, maintenant, et pourquoi ?... » gémit-il en regardant l'horizon. Ah! Pourquoi est-ce la loi commune des créatures humaines que la jouissance soit toujours en disproportion avec le désir ? Pourquoi toute âme ardente est-elle dupe d'un mirage qui lui persuade qu'elle a en elle de quoi suffire à une saveur continue d'extase ? Pourquoi un ensorcellement mensonger se dérobe-t-il derrière la farouche mysticité des simples et des dévots, comme il se dérobe derrière la sensualité corrompue des âmes modernes qui n'ont plus la foi? Et d'ailleurs, est-ce que le décor du cauchemar de la vie valait beaucoup mieux, en ces temps soi-disant héroïques, qu'il ne vaut aujourd'hui, parmi les embourgeoisements de nos villes? La stupide férocité des mercenaires qui festoient dans le jardin d'Hamilcar est-elle moins écœurante pour une noble créature que la stupide grossièreté des convives de la noce Bovary ou des soupeurs, amis de Frédéric? La niaiserie ascétique des moines des premiers siècles était-elle moins féconde en misérables sottises que le lamentable scepticisme de notre époque? Toutes questions auxquelles Flaubert jette en réponse les pages de ses deux épopées antiques, étalant pour ce qui fut un mépris égal à celui qu'il ressent pour ce qui est. Comme le squelette du tableau de Goya soulève la pierre de son tombeau, et de son doigt blanc écrit « Nada... — il n'y a rien..., » les morts des civilisations anciennes se dressent devant les yeux évocateurs du poète et viennent lui jurer qu'un même néant était au fond des bonheurs d'alors, — qu'une même détresse et une même angoisse faisaient le terme de tout effort, et que, barbare ou civilisé, l'homme n'a jamais su ni façonner le monde à la mesure de son cœur, ni façonner ce cœur à la mesure de ses désirs !

C'est là, comme on voit, plus qu'un sentiment personnel, c'est une doctrine. Ce n'est plus seulement le romantique mal éveillé de ses songes qui se lamente et qui maudit. C'est le psychologue qui discerne dans sa misère les causes essentielles; c'est le métaphysicien qui dégage de cette misère et de ses causes une loi plus haute, de laquelle il dépend, comme tous ses semblables. Du métaphysicien, il y a peu de chose à dire. Le pessimisme, en tant que théorie générale de l'univers, ne saurait avoir une valeur plus définitive que l'optimisme. L'une et l'autre philosophie manifestent une disposition personnelle, et vraisemblablement physiologique, qui pousse l'homme à renouveler plus volontiers, dans un cas ses malaises, dans l'autre cas ses jouissances. L'œuvre du psychologue est plus durable en même temps qu'elle est moins arbitraire. Elle consiste à marquer en quelques traits profonds la marche d'une maladie d'âme. On peut même dire que dans l'arrière-fond de toute belle œuvre littéraire se cache l'affirmation d'une grande vérité psychologique, comme dans l'arrière-fond de toute belle œuvre de peinture ou de sculpture se cache l'affirmation d'une grande vérité anatomique. La portée de la vérité ainsi entrevue par l'artiste fait la portée de son génie.

A creuser plus avant encore la conception que Flaubert se forme de ses personnages, on reconnaît que la disproportion qui les fait souffrir provient, toujours et partout, de ce qu'ils se sont façonné une idée par avance sur les sentiments qu'ils éprouveront. C'est à cette idée, d'avant la vie, que les circonstances d'abord font banqueroute, puis eux-mêmes. C'est donc la Pensée qui joue ici le rôle d'élément néfaste, d'acide corrosif, et qui condamne l'homme à un malheur assuré ; mais la Pensée qui précède l'expérience au lieu de s'y assujettir. La créature humaine, telle que Flaubert l'aperçoit et la montre, s'isole de la réalité par un fonctionnement tout arbitraire et personnel de son cerveau. Le malheur résulte alors du conflit entre cette réalité inéluctable et cette personne isolée. Mais quelles causes produisent cet isolement ? Que Flaubert s'occupe du monde ancien ou du monde moderne, toujours il attribue à la Littérature, dans la plus large interprétation du terme, c'est-à-dire à la parole ou à la lecture, le principe premier de ce déséquilibre. Emma et Frédéric ont lu des romans et des poètes ; Salammbô s'est repue des légendes sacrées que lui récitait Schahabarim... « Personne à Carthage n'était savant comme lui. » Saint Antoine s'est enivré de discussions théologiques. Les uns et les autres sont le symbole transposé de ce que fut Flaubert lui-même. C'est le mal dont il a tant souffert qu'il a incarné en eux, le mal d'avoir connu l'image de la réalité avant la réalité, l'image des sensations et des sentiments avant les sensations et les sentiments. C'est la Pensée qui les supplicie comme elle supplicie leur père spirituel, et cela les grandit jusqu'à devenir le symbole non plus même de Flaubert, mais de toutes les époques où l'abus du cerveau est la grande maladie. Balzac avait déjà écrit, dans la préface générale de la *Comédie humaine :* « Si la Pensée est l'élément social, elle est aussi l'élément destructeur... » L'auteur de *Madame Bovary* n'a presque fait que commenter cette phrase profonde, mais le commentaire devient capital et vaut qu'on en examine la valeur contemporaine.

Considérer ainsi la pensée comme un pouvoir, non plus bienfaisant, mais meurtrier, c'est aller au rebours de toute notre civilisation moderne, qui met au contraire dans la pensée le terme suprême de son progrès. Surexciter et redoubler les forces cérébrales de l'homme, lui procurer, lui imposer même un travail intellectuel de plus en plus compliqué, de mieux en mieux outillé, telle est la préoccupation constante de l'Europe occidentale depuis la fin du moyen âge. Nous nous applaudissons lorsque, comparant au peuple de jadis notre peuple de civilisés, nous constatons, ainsi que le disait Gœthe mourant : « plus de lumière. » C'est bien pour cela que notre effort suprême se résume dans la science, c'est-à-dire dans une représentation, coordonnée et accessible à tous les cerveaux, de l'ensemble des faits qui peuvent être constatés. Mais avons-nous bien mesuré la capacité de cette machine humaine que nous surchargeons de connaissances? Quand nous prodiguons, à mains ouvertes, l'instruction en bas, l'analyse en haut; quand, par la multiplicité des livres et des journaux, nous inondons les esprits d'idées de tous ordres, avons-nous bien calculé l'ébranlement produit dans les âmes par cette exagération de jour en jour plus forcenée de la vie consciente? Tel est le problème que Flaubert se trouve avoir posé sous plusieurs formes saisissantes, — depuis *Madame Bovary* et *l'Éducation*, où il étudie deux cas très curieux d'intoxication littéraire, jusqu'à *Bouvard et Pécuchet*, cette bouffonnerie philosophique où il analyse, comme au microscope, les ravages accomplis par la science sur deux têtes que rien n'a préparées à recevoir la douche formidable de toutes les idées nouvelles. Problème essentiel, s'il en fut, car de sa solution dépend l'avenir même de ce que nous sommes habitués à considérer comme l'œuvre des siècles! Il est certain que si la pensée n'est pas un pouvoir toujours meurtrier, elle n'est pas non plus un pouvoir toujours bienfaisant, par cela seul qu'elle situe l'homme dans une indépendance relative et fait de lui « un empire dans un empire, » suivant la formule célèbre de Spinoza. L'homme qui pense, en tant qu'il pense, peut s'opposer à la nature, puisqu'il peut se former des choses une idée qui le mette en conflit avec elle. Or les choses obéissent à des lois nécessaires, et toute erreur au sujet de ces lois devient un principe de souffrance pour celui qui la commet. La science, objectera-t-on, se charge de rendre ces erreurs, et les souffrances qui en résultent, chaque jour plus rares; mais a-t-elle trouvé, trouvera-t-elle le moyen d'empêcher l'usure physiologique, l'usure du sentiment et l'usure de la volonté, que tout exercice trop intense de la pensée risque de produire?

L'usure physiologique d'abord? Elle se manifeste par les déformations du type humain qui se rencontrent à chaque pas dans les grandes villes. L'homme moderne, tel que nous le voyons aller et venir sur les boulevards de Paris porte dans ses membres plus grêles, dans la physionomie trop expressive de son visage, dans le regard trop aigu de ses yeux, la trace évidente d'un sang appauvri, d'une énergie musculaire diminuée, d'un nervosisme exagéré. Le moraliste reconnaît là l'œuvre du vice. Mais souvent le vice est le produit de la sensation combinée avec la pensée, interprétée par elle, et amplifiée jusqu'à absorber dans des minutes d'égarement toute la substance de la vie animale. — L'usure du sentiment par la pensée s'accomplit, elle aussi, de façons diverses. Tantôt c'est la conception d'un idéal raffiné qui crée la passion. Car si le vice est la sensation magnifiée par la pensée, la passion résulte d'une combinaison entre le sentiment et la pensée. Et la passion précipite l'homme à d'étranges et dangereux excès qui le laissent incapable d'un développement complet de son être... Tantôt c'est l'habitude acharnée de l'analyse qui empêche le sourd travail de l'inconscience dans notre cœur et tarit la sensibilité comme à sa source. — L'usure de la volonté achève enfin l'œuvre destructive, et ici les maladies encore non classées pullulent redoutablement. L'abondance des points de vue, cette richesse de l'intelligence, est la ruine de la volonté, car elle produit le dilettantisme et l'impuissance énervée des êtres trop compréhensifs. Ou bien l'éducation incomplète de l'intelligence conduit le demi-savant à des résolutions aussi infécondes que celles de Bouvard et de Pécuchet, en proie à la fièvre de l'instruction inachevée. Ou bien encore l'abus du travail critique amène celui qui s'y est abandonné à ne plus vouloir, parce que le charme de l'illusion, qui seul fait agir, s'en est allé, et que l'inutilité finale de tous les efforts apparaissant, aucun but ne tente plus l'âme dégoûtée qui se répète le mot de l'Ecclésiaste dans l'amertume d'un renoncement sans résignation... Et quand ces différents cas ne seraient que des exceptions, ne faudrait-il pas considérer que la pensée qui peut les faire naître est comme un de ces périlleux agents chimiques, d'un maniement nécessaire sans doute, mais qui exige d'infinies précautions ?

Ces précautions, notre âge moderne les ignore, persuadé qu'il est que l'homme vit seulement d'intelligence, et il joue avec la pensée comme un enfant avec un poison. Je crois entendre, dans les livres de cet intellectuel s'il en fut qui a écrit la *Tentation*, la sourde plainte, l'obscur sanglot d'une victime de ce jeu cruel de notre âge. Une lamentation continue s'élève de son œuvre, racontant les décombres dont la Pensée a jonché son cœur et sa volonté. Il ne connaît plus l'amour, l'effusion heureuse et comblée, le mol abandon de l'espérance; il ne connaît plus la règle stricte, la sérénité des obéissances morales ou religieuses. La solitude autour de lui s'épaissit plus dense. Et il évoque le troupeau des victimes comme lui de la cruelle déesse : la vierge de Carthage qui a trop *pensé* à Tanit, l'anachorète de la Thébaïde qui a trop *pensé* à son Christ, la femme du pauvre mé-

decin qui a trop *pensé* au bonheur, le jeune
homme de la classe bourgeoise qui a trop *pensé*
à ses propres émotions, les deux employés de
bureau qui ont trop *pensé* à mille théories ;
et fatigué de toujours se regarder lui-même,
épuisé par une continuelle et suraiguë conscience de sa personne, je l'entends qui jette ce
cri furieux par lequel s'achève son plus mystique ouvrage et le préféré : « J'ai envie de vo-
ler, de nager, de beugler, d'aboyer, de hurler.
Je voudrais avoir des ailes, une carapace, une
écorce, souffler de la fumée, porter une trompe,
tordre mon corps, me diviser partout, être en
tout, m'émaner avec les odeurs, me développer comme les plantes, couler comme l'eau,
vibrer comme le son, briller comme la lumière,
me blottir sous toutes les formes, pénétrer
chaque atome, descendre jusqu'au fond de la
nature, — *être la matière !* » Être la matière !
Et nous voici revenus au rêve du vieux Basi-
lide, qui avait jadis été celui de toute l'Inde :
« Un gémissement universel de la nature, un
sentiment mélancolique de l'univers, appelle
le repos final qui consistera en une inconscience
générale des individus au sein de Dieu et dans
l'extinction absolue de tout désir... »

III

THÉORIES D'ART

A cette conviction de l'irréparable misère de la vie, — qui n'est pas une nouveauté dans l'histoire des idées, — une seule doctrine correspond, celle du renoncement volontaire. La véritable sagesse, disait Çakya-Mouni, voici combien de siècles, consiste « dans la perception du néant de toutes choses et dans le désir de devenir néant, d'être anéanti d'un souffle, d'entrer dans le Nirvâna [1]. » Et si Flaubert eût poussé jusqu'à l'extrêmité de leur logique les principes de son pessimisme, c'est en effet à cette bienfaisante renonciation prêchée par le Bouddha qu'il eût abouti. Mais en présence de la complexité d'un homme moderne, toute logique a bientôt fait de perdre ses droits. Cet homme moderne, en qui se résument tant

1. J'extrais cette phrase du livre de M. James SULLY sur *le Pessimisme* (histoire et critique), dont une traduction a paru à la librairie Germer Baillière. On trouvera là une discussion, très lucide et très renseignée, de toutes les questions de cet ordre.

d'hérédités contradictoires, est la démonstration vivante de la théorie psychologique qui
considère notre « moi » comme un faisceau
de phénomènes sans cesse en train de se faire
et de se défaire, si bien que l'unité apparente
de notre existence morale se résout en une suc·
cession de personnes multiples, hétérogènes,
parfois différentes les unes des autres, jusqu'à
se combattre violemment. Ce point de vue permet d'admettre, sans la trop condamner, l'in-
conséquence avec laquelle Flaubert fut en
même temps un des plus déterminés nihilistes
et un des plus laborieux ouvriers de lettres de
notre époque. On n'est pas impunément le fils
d'une race optimiste et qui a pris l'habitude de
travailler avec vigueur. Un philosophe rai-
sonne en nous qui démontre l'inanité de l'espérance et de l'effort, mais notre cœur bat et
projette dans nos artères un sang tout chargé
d'atomes énergiques, transmis par les ancêtres; et il nous est interdit de nous asseoir
comme les fakirs de la bienheureuse pénin-
sule dans l'immobilité enfin possédée, dans
l'affranchissement enfin inattaquable, que ne
tourmentera plus l'aiguillon du mensonger désir. C'est ainsi que Flaubert fut contraint d'a-

gir et d'agir beaucoup. On sait qu'il est mort à la peine, et que l'apoplexie, en le frappant, lui fit seule tomber la plume de la main. Le sens de son action, toute littéraire d'ailleurs, — mais lutter contre les mots n'est-ce pas lutter encore et combien âprement ? — demeure, il est vrai, très obscur, lorsqu'on ne se rend pas compte des arrière-fonds de nature que j'ai essayé de marquer. Certes, chez lui comme chez tout artiste puissant, il y a une grande part d'inconscience qu'il serait chimérique de prétendre déterminer. Ce qui était conscient et réfléchi se condensait en quelques théories d'art et en quelques procédés de composition. Mais précisément ces théories ont formé des disciples, ces procédés ont rencontré des fidèles, — et à travers cette initiation de rhétorique, une initiation intellectuelle et sentimentale s'est accomplie, qu'il faut caractériser pour que cette étude sur le rôle psychologique de l'auteur de *Madame Bovary* ne soit pas trop incomplète.

Considéré d'après l'ensemble de son œuvre, Flaubert a sa place parmi les esprits qui dédaignent toute influence pratique et sociale de leurs compositions. C'est l'école désignée depuis longtemps sous le nom d'école de l'art pour l'art. Il n'admettait pas qu'une création esthétique eût d'autre but qu'elle-même et que sa beauté intime. Il ne pouvait pas penser autrement. Quand bien même l'horreur du monde moderne ne l'eût pas précipité loin de toute tendance utilitaire, quand bien même encore son pessimisme ne l'eût pas rendu rebelle à toute notion de progrès, même momentané, ses réflexions sur la méthode des sciences l'eussent préservé des erreurs de la littérature démonstrative. « L'art, a-t-il écrit, ayant sa propre raison en lui-même, ne doit pas être considéré comme un moyen. Malgré tout le génie que l'on mettra dans le développement de telle fable prise pour exemple, une autre fable pourra servir de preuve contraire, car les dénouements ne sont pas des conclusions. *D'un cas particulier il ne faut rien induire de général, et les gens qui se croient par là progressifs vont à l'encontre de la science moderne, laquelle exige qu'on amasse beaucoup de faits avant d'établir une loi...* » Je ne sache pas qu'aucun écrivain ait plus justement et plus profondément formulé la raison philosophique de l'indépendance des lettres. Mais beaucoup ont senti de même, depuis le divin Virgile, ce contemplateur, jusqu'à Théophile Gautier, cet olympien. C'est dans des thèses plus circonscrites à des points de détail techniques qu'il convient de chercher la marque propre de Flaubert. Entre ces thèses, j'en crois apercevoir deux, sinon tout à fait nouvelles, au moins très renouvelées, qu'il a soutenues toute sa vie et imposées à ses disciples, je veux parler de sa façon de comprendre la composition des caractères dans le roman, et de sa façon de comprendre le type idéal du style.

Comme j'ai dû l'indiquer en passant, parmi les contradictions dont souffrit Flaubert, une des plus pénibles fut celle qui faisait se rencontrer en lui, et se combattre, deux personnages antagonistes : un poète romantique et un savant. De tels conflits amènent d'ordinaire la diminution progressive de l'un des deux hommes, puis sa défaite définitive, et son asservissement, sinon sa mort. C'est ainsi qu'il y eut, dans Sainte-Beuve encore tout jeune, la présence simultanée d'un poète et d'un analyste, puis il ne resta que l'analyste, parce que Sainte-Beuve, dupe en cela de l'opinion française, toujours disposée à parquer les esprits dans une spécialité, n'eut pas la force de persévérer.

Il avait commencé de créer une poésie nouvelle
où se fondaient ses deux natures. L'inintelligence et la malveillance de ses contemporains le
découragèrent. Flaubert, qui vécut plus seul et
qui eut la sagesse de cacher ses années d'apprentissage, parvint à concilier son romantisme et
sa science dans la manière dont il exposa et
développa les intérieurs d'âme de ses personnages. Avec la science et ses données actuelles
sur l'esprit, il considéra qu'une tête humaine
est une chambre noire où passent et repassent
des images de tous ordres : images des milieux
jadis traversés qui se représentent avec une
portion de leur forme et de leur couleur ;
images des émotions jadis ressenties qui se
représentent avec une portion de leur délice
ou de leur amertume. Il s'établit une sorte de
lutte pour la vie entre ces représentations
diverses ou *idées*, qui se combattent et s'asso-
cient, se détruisent et se mélangent, fournissent
matière à notre sentiment du passé, élaborent
nos rêves de l'avenir, déterminent nos volitions.
Pour Flaubert, comme pour les Anglais partisans exclusifs de l'association des idées,
décomposer scientifiquement le travail d'une
tête humaine, c'est analyser ces images qui

affluent en elle, démêler celles qui reviennent habituellement et la marche dans laquelle elles reviennent.

Les auteurs des monographies psychologiques procèdent ainsi, et l'auteur de *Madame Bovary* procède comme eux : ses personnages sont des associations d'idées qui marchent. Un coup, sinon de génie, au moins d'un talent extraordinaire, fut de comprendre que les procédés romantiques étaient un merveilleux outil de cette conception psychologique. La langue des romantiques n'a-t-elle pas acquis, sous la prépondérance du génie verbal de Victor Hugo, des qualités de relief incomparables? N'est-elle pas devenue, avec Théophile Gautier, capable de rivaliser la couleur de la peinture et la plastique de la sculpture ? Pourquoi ne pas employer cette prose de sensations presque vivantes à peindre les images qui hantent un cerveau? Et c'est ainsi que Flaubert inventa le procédé d'art qui fit de l'apparition de *Madame Bovary* un événement littéraire d'une importance capitale. Les analystes, comme M. Taine, pouvaient reconnaître leur théorie de l'âme humaine mise en œuvre avec une précision parfaite. Le « moi » des personnages était bien « cette collection de petits faits » dont parlait le philosophe. Et ces petits faits étaient montrés avec une magie de prose où les plus habiles stylistes du temps pouvaient reconnaître leur facture. Un exemple rendra perceptible cette double valeur d'analyse et de concrétion; je le prends au hasard dans *Madame Bovary* (première partie, chapitre VIII) : « Emma songeait quelquefois que c'était là pourtant les plus beaux jours de sa vie, la lune de miel, comme on disait. Pour en goûter la douceur, il eût fallu, sans doute, s'en aller vers ces pays à noms sonores, où les lendemains de mariage ont de plus suaves paresses. *Dans des chaises de poste, sous des stores de soie bleue, on monte au pas des routes escarpées, écoutant la chanson du postillon qui se répète dans la montagne avec les clochettes des chèvres et le bruit sourd de la cascade...* » Voyez-vous comme l'image se fixe à l'aide d'un procédé que vous retrouvez dans *Atala* ainsi que dans *Mademoiselle de Maupin;* mais comme cette image en même temps est un petit fait psychologique, comme elle exprime une minute d'âme et n'est pas simplement montrée pour le plaisir de la phrase sonore et coloriée ?

Je citerai encore les deux pages au chapitre XII de la seconde partie de ce même roman, où l'auteur raconte les associations d'idées contraires qui traversent la pensée de Charles et celle d'Emma, tandis qu'ils sont pourtant couchés côte à côte : « Charles croyait entendre l'haleine légère de son enfant ; elle allait grandir maintenant. Chaque saison ouvrirait un progrès... » « Au galop de quatre chevaux, Emma était emportée vers un pays d'où ils ne reviendraient jamais... » C'est le chef-d'œuvre de la méthode inaugurée par Flaubert. Le couplet descriptif est filé avec une science de la langue poétique vraiment délicieuse, et chaque image évoquée est un trait de caractère du personnage qu'elle vient assaillir.

L'ingéniosité de cette méthode a fait sa fortune. Il est curieux de voir comment cette influence de rhétorique se trouve être devenue, ainsi que je l'indiquais tout à l'heure, une influence de vie morale. En considérant la tête humaine comme une machine représentative, Flaubert avait bien observé que cette représentation cérébrale ne s'applique pas seulement aux images du monde extérieur telles que nous les fournissent nos différents sens. Un monde intérieur s'agite en nous : idées, émotions, volitions, qui nous suggère des images d'un ordre tout à fait distinct de l'autre. Si nous fermons les yeux et que nous songions à quelque événement passé, à un adieu, par exemple, des détails tout physiques ressusciteront dans notre souvenir : la ligne d'un paysage, une intonation de voix, un regard, un geste, — et à la même minute le détail surgira des sentiments que nous avons éprouvés dans ce paysage, à écouter cette voix, à regarder ce regard. Il y a donc deux groupes bien divers d'images, et deux sortes correspondantes d'imagination ; la plupart des esprits ne sont pas également aptes à évoquer ces deux groupes d'images et ne possèdent ces deux sortes d'imagination qu'à des degrés différents. Flaubert possédait évidemment l'imagination du monde extérieur d'une façon très remarquable, et l'imagination du monde intérieur était chez lui moins puissante. Il racontait qu'au moment de décrire un horizon, un jardin, une chambre, l'abondance des détails visibles qui ressuscitaient dans sa mémoire était si considérable qu'il lui fallait un violent effort pour choisir. Aussi ses personnages sont-ils doués de cette imagination-là plus que de l'autre. Mais, chez Flaubert, l'observateur profond corrigeait le visionnaire, et il avait soin de ne pas négliger dans le développement des caractères les images du monde intérieur. Seulement il paraît les avoir plutôt trouvées par l'effort de sa logique que par le don de sa nature. Il est arrivé cependant que les romanciers soumis à son influence et partisans de sa méthode ont exagéré le défaut du Maître. Ils ont méconnu l'existence u des dex sortes d'imaginations, et au lieu de constituer leurs personnages par une double série de petits faits, ils ont presque uniquement peint ces personnages comme des êtres d'imagination physique. C'est ainsi que, s'appliquant surtout à la transcription des milieux, ils ont supprimé de plus en plus de leurs livres l'étude de la volonté. Ils montrent la créature humaine dominée par les choses ambiantes et quasi incapable de réaction personnelle. De là dérive ce fatalisme accablé qui est la philosophie de toute l'école des romanciers actuels. De là ces tableaux d'une humanité à la fois très réelle et très mutilée. De là cette renonciation de plus en plus marquée aux vastes espoirs, aux généreuses fièvres, à tout ce que le terme d'Idéal résume de croyances dans notre énergie intime. Et, comme notre époque est atteinte d'une maladie de la volonté, de là cette vogue d'une littérature dont la psychologie convient si bien aux affaiblissements progressifs du ressort intérieur. Lentement, et dans beaucoup d'esprits soumis à l'éducation des romans nouveaux, s'élabore la conception que l'effort est inutile et le pouvoir des causes étrangères irrésistible. Or, comme dans l'ordre de la vie morale nous valons en capacité d'énergie juste autant que nous croyons valoir, lentement aussi chez ces mêmes personnes la volonté se désagrège, — et les héritiers, par Flaubert, de ce romantisme qui a trop exigé de la vie, sont les plus actifs ouvriers de cette désagrégation de la volonté. Ironie singulière de la destinée, qui conduit les générations à faire précisément la besogne contraire à celle que leurs chefs s'étaient proposée !

Le désir d'accorder le romantique et le savant qui se battaient en lui avait conduit Flaubert à une composition spéciale des caractères ; l'invincible désir d'étreindre une réalité définitive au milieu des ruines dont son âme était jonchée, le conduisit à une théorie particulière du style. Ce nihiliste était un affamé d'absolu. Ne pouvant rencontrer cet absolu, ni hors de lui, dans les choses qu'entraîne un éternel écoulement, ni en lui-même puisqu'il se sentait, comme l'univers, en proie à l'implacable loi du devenir, il plaça cet absolu tout à la fois hors de lui-même et hors des choses, dans la Phrase Écrite. Il lui parut qu'une phrase bien faite présente une sorte de caractère indestructible et qu'elle existe d'une existence supérieure à l'universelle caducité. Il est, en effet, des rapports de mots d'une si parfaite justesse qu'il serait impossible de les améliorer. De tels rapports, si l'artiste en trouve quelques-uns, lui procurent une plénitude de bonheur intellectuel comparable au bonheur que l'évidence procure aux mathématiciens. L'angoisse de l'esprit se détend une minute dans cette contemplation, disons mieux, dans cette incarnation, car l'esprit n'habite-t-il pas la phrase qu'il est parvenu à créer? De tels frissons de toute notre nature intelligente sont si pénétrants qu'ils consolent du mal d'exister. Flaubert poursuivit ce frisson sublime, toute sa vie durant, et, comme il arrive, devenu de plus en plus difficile à contenter, cherchant toujours la mystérieuse loi de la création de la Belle Phrase, il s'infligea ces agonies de travail que tous les anecdotiers ont racontées. Il prenait et reprenait ses lignes, infatigablement, se levait la nuit pour effacer un mot, s'immobilisait sur un adjectif. La noble manie de la perfection le tyrannisait. Il lui devra de durer autant que notre langue, qu'il a maniée comme ces incomparables ouvriers de prose : Rabelais, Montaigne, Bossuet, Pascal, La Bruyère et Chateaubriand.

Toute la doctrine de Flaubert sur le style est renfermée dans cette formule de Buffon qu'il cite quelque part avec admiration : « Toutes les beautés intellectuelles qui se trouvent dans un beau style, tous les rapports dout il est composé, sont autant de vérités aussi utiles, et peut-être plus précieuses pour l'esprit public, que celles qui peuvent faire le fond du sujet...» Cela revient à dire que la distinction usuelle entre le fond et la forme est une erreur d'analyse. L'idée n'est pas derrière la phrase comme un objet derrière une vitre ; elle ne fait qu'un avec la phrase, puisqu'il est impossible de concevoir une phrase qui n'exprime aucune idée, ou une idée qui soit pensée sans aucun mot.

Dans l'état actuel de notre développement de civilisation, penser c'est prononcer une phrase intérieure, et les qualités de la pensée font les qualités de cette phrase intérieure. Écrire cette phrase avec toutes ses qualités, de façon que tout le travail silencieux de la pensée soit rendu perceptible et comme concret, tel est, me semble-t-il, le but que chaque littérateur de talent se propose et que Flaubert se proposait. Comme il était physiologiste, il savait que le fonctionnement cérébral influe sur l'organisme tout entier, et c'est pour cela qu'il voulait qu'une phrase pût se réciter à haute voix : « Les phrases mal faites, disait-il, ne résistent pas à cette épreuve ; *elles oppressent la poitrine, gênent les battements du cœur, et se trouvent ainsi en dehors des conditions de la vie.* » Il fondait donc sa théorie de la cadence sur un accord entre notre personne physique et notre personne morale, comme il fondait sa théorie du choix des mots et de leur place sur une perception très nette de la psychologie du langage. Puisque le mot et l'idée sont consubstantiels, et que penser c'est parler, il y a dans chaque vocable du dictionnaire le raccourci d'un grand travail organique du cerveau. Des mots représentent une sensibilité délicate, d'autres une sensibilité brutale. Il en est qui ont de la race et d'autres qui sont roturiers. Et non seulement ils existent et vivent, chacun à part, mais, une fois placés les uns à côté des autres, ils revêtent une valeur de position, parce qu'ils agissent les uns sur les autres, comme les couleurs dans un tableau. Convaincu de ces principes, Flaubert s'acharnait à les appliquer dans toute leur rigueur; essayant le rythme de ses périodes sur le régistre de sa propre voix, haletant à la recherche du terme sans synonyme qui est le corps vivant, le corps unique de l'Idée, évitant les heurts de syllabes qui déforment la physionomie du mot, réduisant à leur stricte nécessité les vocables de syntaxe qui surchargent les vocables essentiels de la phrase, comme une monture trop forte surcharge ses diamants. Les auxiliaires « avoir » et « être », le verbe « faire », les conjonctions encombrantes, — toute cette pouillerie de notre prose française, — le désespéraient. Et comme, d'après sa doctrine, il travaillait sa prose non par le dehors comme un mosaïste qui incruste ses pierres, mais par le dedans comme une branche qui développe ses feuilles, — écrire était pour lui, ainsi qu'il le disait quelquefois, une sorcellerie.

N'importe, son exemple aura reculé de beaucoup d'années le triomphe de la barbarie qui menace d'envahir aujourd'hui la langue. Il aura imposé aux écrivains un souci de style qui ne s'en ira pas tout de suite, et les lettrés lui doivent une reconnaissance impérissable d'avoir retardé, autant qu'il fut en lui, la dégénérescence de cet art de la Prose française, héritage magnifique de la grande civilisation romaine! Le jour où cet art disparaîtrait, la conscience française serait bien malade, car dans l'ordre de l'intelligence elle aurait perdu sa plus indiscutable suprématie. Les langues se parlent sur toute la surface du monde; il est probable qu'il ne s'écrit qu'une seule prose, si l'on prend ce mot dans le sens lapidaire et définitif où pouvait l'entendre un Tite-Live ou un Salluste; cette prose, c'est la nôtre. Inférieurs dans la poésie aux subtils et divins poètes anglais, initiés à la musique par les maîtres allemands, et aux arts plastiques par nos voisins du midi, nous sommes les rois absolus de cette forme de la Phrase Écrite. Et Gustave

Flaubert, ce malade de littérature, aura du moins gagné à sa maladie d'avoir été, sa vie durant, un dépositaire de cette royauté, — et un dépositaire qui n'a pas abdiqué.

IV

M. TAINE

M. TAINE

—

Chaque avènement d'une renommée littéraire nouvelle se pose comme une énigme devant l'historien des esprits, — énigme parfois
simple, et c'est le cas si l'œuvre de l'écrivain
applaudi s'adapte aux besoins de l'époque et
se présente comme une réponse à une vague et
flottante question qui tourmente les consciences.
Il ne faut pas un puissant effort d'analyse pour
comprendre qu'en pleine ferveur de résurrec-
tion religieuse le *Génie du Christianisme* ait
valu, du coup, la gloire à son auteur, et que
l'Angleterre de 1812, héroïque et troublée
comme elle était, se soit reconnue dans la mé-

lancolie hautaine de *Childe Harold* [1]. Parfois l'énigme se complique des volte-face singulières que l'opinion accomplit à l'égard de ses favoris. Subitement et sans qu'il ait rien fait d'autre que de poursuivre ses premiers travaux avec une évidente rigueur de logique, l'écrivain en vogue se trouve avoir déplu à ceux qui l'acclamaient d'abord ; les qualités de son talent lui deviennent un crime, et ce par quoi il avait grandi l'accable. Ç'a été l'histoire de bien des personnages célèbres de tous les temps. C'est aujourd'hui l'histoire de M. Taine. Celui-ci a eu sur ses pareils la supériorité de ne pas se plaindre, et je crois bien que la seule ligne où il ait révélé l'inévitable froissement intérieur est celle-ci, que je transcris de la préface de l'un de ses derniers volumes : « J'ai encore le regret de prévoir que cet ouvrage déplaira à beaucoup de mes compatriotes... » Jusqu'à ces dernières années, en effet, l'auteur de la *Littérature anglaise* était rangé par la majorité de ses lecteurs dans ce que l'on pourrait appeler le groupe d'extrême gauche de la pensée contem-

---

1. Voir dans les Mémoires de Thomas Moore, l'ingénieuse exposition des causes de ce succès *électrique* dont Byron disait : « Je me suis réveillé fameux. »

poraine. Il avait connu tous les déboires d'une
telle position, et aussi tous ses avantages. L'é-
vêque d'Orléans avait désigné à la défiance des
pères de famille le philosophe coupable d'avoir
écrit cette phrase hardie : « Que les faits soient
physiques ou moraux, il n'importe, ils ont toujours des causes. Il y en a pour l'ambition,
pour le courage, pour la véracité, comme pour
la disgestion, pour le mouvement musculaire,
pour la chaleur animale. Le vice et la vertu
sont des produits comme le vitriol et comme le
sucre... » phrase saisissante et que le chef futur
du naturalisme, alors à ses débuts, M. Émile
Zola, arborait, comme une devise et comme un
programme, à la tête d'un roman qui fit scandale. Car les jeunes gens de la génération montante professaient, pour l'audacieux briseur des
idoles de la métaphysique officielle, un enthousiasme de disciples, où le frémissement
d'une initiation dangereuse se mélangeait au
juste respect pour le colossal effort du travailleur. Je me souviens qu'au lendemain de la
guerre, étudiants à peine échappés du collège,
nous nous pressions avec un battement de
cœur dans la vaste salle de l'École des Beaux-
Arts, où M. Taine enseignait pendant les

quatre mois d'hiver. La fresque de Paul Dela-
roche développait sur le mur du fond ses personnages convenus, mais majestueux. Nous
nous disions que la courtisane Maryx, qui fut
l'amie de Gautier et de Baudelaire, avait posé
au peintre sa *Gloire distribuant des couronnes.*
Le maître parlait de sa voix un peu mono-
tone et qui timbrait d'un vague accent étranger
les mots des petites phrases ; et même cette
monotonie, ces gestes rares, cette physionomie
absorbée, cette préoccupation de ne pas sura-
jouter à l'éloquence réelle des documents l'éloquence factice de la mise en scène, — tous ces
petits détails achevaient de nous séduire. Cet
homme, si modeste qu'il semblait ne pas se
douter de sa renommée européenne, et si simple
qu'il semblait ne se soucier que de bien servir la
vérité, devenait pour nous l'apôtre de la Foi
Nouvelle. Celui-là du moins n'avait jamais sacrifié sur l'autel des doctrines officielles. Celui-
là n'avait jamais menti. C'était bien sa pensée
qu'il nous apportait dans ces petites phrases si
courtes et si pleines, — sa pensée, profondément, invinciblement sincère...

Les années ont passé depuis lors, — oh! pas
beaucoup d'années, et voici que M. Taine

compte des fidèles parmi ceux qui marchaient
à la suite de Mgr Dupanloup, tandis que ses
partisans presque fanatiques d'autrefois l'accu-
sent d'avoir renié les convictions de leurs com-
muns combats. Les trois volumes de l'*Histoire
des Origines de la France contemporaine* ont
paru, et les partis politiques se sont jetés sur
cette proie. Pour les uns, l'iconoclaste est passé
à l'état d'un Joseph de Maistre de l'histoire
documentaire, sorti des archives avec la magique épée qui abattra la Révolution. Les autres, oubliant de quel incorruptible écrivain ils
jugent le labeur, attribuent aux causes les plus
mesquines un pessimisme qui n'est qu'une
conséquence, mais où ils veulent voir une contradiction. Je resterai fidèle au plan primitif de
cette série d'études, si je montre comment une
même sensibilité, une même doctrine, et une
même méthode, ont conduit M. Taine à heurter
violemment certaines aspirations de l'Ame
Française contemporaine, après l'avoir conduit
à en flatter involontairement certaines autres. Il
y a un mot admirable de Bossuet sur la justice :
« Elle est, dit-il, une espèce de martyre…» La
sincérité implacable de la pensée est parfois
aussi cette espèce de martyre.

I

LA SENSIBILITÉ PHILOSOPHIQUE

J'imagine qu'un lecteur de bonne foi ait terminé l'étude des quelque vingt volumes qui composent l'œuvre actuellement publiée de M. Taine, et qu'il doive résumer son impression par un de ces termes généraux qui classent un esprit, en marquant à la fois sa qualité maîtresse et sa tendance favorite. Ce résumé sera tout d'abord rendu malaisé par la variété des genres où l'écrivain a excellé, mais qu'il a transformés par la force propre de son talent. M. Taine ne saurait être appelé très justement un critique, bien qu'il ait donné des essais de premier ordre, celui sur Balzac par exemple et celui sur Saint-Simon, chefs-d'œuvre d'analyse aiguë et d'exposition lucide. Il suffit de comparer ces pages à celles que Sainte-Beuve a écrites sur les mêmes sujets, pour constater la différence entre les procédés d'anatomie psychologique d'un chercheur qui voit dans la littérature un signe, et la méthode proprement

critique d'un juge au regard duquel la production littéraire est un fait souverainement intéressant par lui-même. Sainte-Beuve abonde en
distinctions, volontiers en subtilités, afin de
mieux noter jusqu'à la plus fine nuance. Il
multiplie les anecdotes afin de multiplier les
points de vue. C'est l'individuel et le particulier qui le préoccupe, et, par-dessus cette minu-
tieuse investigation il fait planer un certain
Idéal de règle esthétique, grâce auquel il conclut et nous contraint de conclure. M. Taine,
au contraire, emploie tout son effort à simpli-
fier. Le personnage qu'il considère n'est pour
lui qu'un prétexte à démonstration. Sa grande
affaire est d'établir à cet endroit quelque vérité
très générale et d'une importance qu'il estime
très supérieure. — M. Taine n'est pas davantage un historien, bien qu'il ait signé d'admi-
rables fragments d'histoire. Il n'a pas cédé, en
les composant, à cet impérieux besoin de ré-
surrection du passé qui saisit un Michelet au
seul contact des papiers jaunis, — papiers anciens dont l'écriture a pâli, papiers muets et
que manièrent des doigts aujourd'hui décom-
posés. Pour M. Taine, un chapitre d'histoire
est comme le moellon d'un édifice au sommet

duquel se dressera une vérité générale encore, exhaussée jusqu'à la pleine lumière de l'évidence. Michelet montrait pour le plaisir de montrer ; M. Taine, lui, peut montrer avec un relief aussi puissant, mais c'est pour le plaisir de démontrer. — M. Taine n'est pas davantage un pur artiste, bien que nous ayons de lui ces livres de description colorée où il a noté les souvenirs de ses voyages en Italie, en Angleterre et aux Pyrénées. S'il a parcouru les paysages des montagnes et des plaines, des vastes cités vivantes et des villes mortes, ce n'a pas été, comme Théophile Gautier, pour étonner ses yeux par des aspects nouveaux de l'univers changeant, et invité par la voix qui murmure à notre imagination nostalgique :

> Il est au monde, il est des spectacles sublimes,
> Des royaumes qu'on voit en gravissant les cimes
> De noirs Escurials, mystérieux granits,
>   t de bleus Océans, visibles infinis...

Il existe une hypothèse formulée par Montesquieu, et développée par Stendhal, sur les relations de l'âme humaine et de son milieu. La vérification de cette hypothèse flottait pour M. Taine dans les lointains horizons, et il est parti pour nous rapporter un journal de voyage qui, lui aussi, a pour objet l'établissement d'une idée générale. — Essais de critique, travaux d'histoire, livres de fantaisie, tout a servi une passion dominatrice : la philosophie. M. Taine n'a jamais été, ne sera jamais qu'un philosophe. Rarement l'unité d'une œuvre fut plus forte et la spécialité d'une nature plus accusée. Il faut décrire cette nature pour comprendre cette œuvre, comme pour comprendre le génie d'un peintre il faut décrire son œil. L'élément de l'imagination primitive et originale une fois donné, le reste suit nécessairement.

Les traductions diverses, ou élogieuses ou hostiles, qui peuvent être données du mot philosophe se ramènent à la suivante : un esprit philosophique est celui qui se forme sur les choses des idées d'ensemble, c'est-à-dire des idées qui représentent non plus tel ou tel fait isolé, tel ou tel objet séparé, mais bien des séries entières de faits, des groupes entiers d'objets. Des exemples préciseront cette définition. Quand un poète comme Molière ou comme Shakespeare se propose de peindre une passion, telle que la jalousie, il aperçoit un certain jaloux, Arnolphe ou bien Othello, personnage vivant et concret qui va et vient parmi des événements délimités, et, ce faisant, il obéit à son organisation d'artiste. Quand un philosophe tout au contraire, comme Spinoza, se propose d'étudier cette même passion, il aperçoit, non plus un cas particulier, mais la loi commune qui gouverne tous les cas, et il exprime cette loi dans une formule capable d'être appliquée à l'aventurier Maure Othello ainsi qu'au bourgeois Parisien Arnolphe : « Figurez-vous qu'un autre s'attache ce que vous aimez avec le même lien d'affection qui vous unissait à cet objet aimé ; vous haïrez cet objet aimé en même temps que vous envierez votre rival... » Et un commentaire suit, théorique, placide et universel comme le développement d'une proposition de géométrie. C'est proprement le travail du philosophe de rechercher des lois de cette sorte, et d'élaborer des formules de cette espèce. A les poursuivre, son imagination entre en branle. Cette formule, en effet, vous paraît morte à vous, qui ne vous remuez point parmi les abstractions comme parmi des êtres. Pour le philosophe, elle est vivante. Il contemple dans ce raccourci l'innombrable file des faits spéciaux que la formule commande, et le plaisir de cette contemplation est tellement vif que ceux qui l'ont goûté y reviennent toujours, même à travers les études en apparence les plus éloignées. Si les hasards de la vocation ou de la destinée ont fait du philosophe un peintre, il brisera le moule trop étroit de son art afin d'y introduire des idées générales, et il pratiquera la peinture symbolique. Tel Chenavard ou Cornelius. S'il est poète, le philosophe s'intéressera aux drames obscurs qui se jouent dans les profondeurs de la conscience entre le doute et le besoin de croire, et il écrira la *Justice*, comme M. Sully-Prudhomme. Si le philosophe compose un roman, ce sera les *Affinités électives* ou *Wilhelm Meister*, et la critique y trouvera matière à d'interminables discussions, tant les théories s'y accumulent et les aperçus systématiques. Mais peu d'écrivains ont, plus que M. Taine, subi la tyrannie de cette imagination singulière. C'est elle qui le force à ne voir dans les magnifiques fragments d'un grand prosateur, le Romain Tite-Live, qu'une occasion de discuter un théorème de Spinoza ; elle qui le contraint à interpréter dans le sens d'une doctrine supérieure, et les chefs-d'œuvre de tous les arts (*Philoso-*

vhie de l'art), et les élégances de la vie parisienne (*Graindorge*), et l histoire de la littérature anglaise, et la Révolution. Elle est si implacablement souveraine, cette imagination, qu'après lui avoir imposé sa méthode d'analyse, elle lui a imposé sa forme. Il n'existe point, dans la littérature actuelle, de style plus systématique, et dont tous les procédés traduisent mieux les partis pris d'une pensée sûre d'elle-même. Chaque période d'une de ces fortes pages est un argument, chaque membre de ces périodes une preuve, à l'appui d'une thèse que le paragraphe tout entier soutient, et ce paragraphe lui-même se lie étroitement au chapitre, lequel se lie à l'ensemble, si bien que, pareil à une pyramide, tout l'ouvrage converge, depuis les plus minces molécules des pierres des assises jusqu'au bloc du rocher de la cime, vers une pointe suprême et qui attire à elle la masse entière... Considérez les morceaux éclatants où le prosateur rivalise avec la peinture par la couleur du détail et par la saillie des contours. Même les épithètes chatoyantes, même les métaphores visionnaires servent à illustrer et à rendre palpable quelque vaste loi de l'esprit ou quelque vérité de l'histoire. C'est ainsi qu'à l'occasion de La Fontaine, et pour faire toucher au doigt l'attache qui unit la poésie du fabuliste au caractère de l'horizon natal, M. Taine indique l'air de finesse et d'agrément des plaines de la Champagne, et comme cet air de finesse et d'agrément devient perceptible ! « De minces rivières serpentent parmi des bouquets d'aunes avec de gracieux sourires. Une raie de peupliers solitaires au bout d'un champ grisâtre, un bouleau frêle qui tremble dans une clairière de genêts, l'éclair passager d'un ruisseau à travers les lentilles d'eau qui l'obstruent, la teinte délicate dont l'éloignement revêt quelque bois écarté, voilà les beautés de ce paysage... » Ainsi encore, à la fin d'une étude sur Suart Mill et sur l'induction, l'architecture d'une ville d'Université anglaise apparaît : « Une lumière jeune se posait sur les dentelures des murailles, sur les festons des arcades, sur le feuillage luisant des lierres... » Vous croiriez lire la confidence d'un artiste qui se réjouit dans ses sensations. Tout de suite une nouvelle phrase surgit qui résume en une observation psychologique le sens tout entier de ces monuments et de ces feuillages : « ... Des arbres énormes, vieux de

quatre siècles, allongeaient leurs files régulières, et j'y trouvais de nouvelles traces de ce
bon sens pratique qui a accompli des révolu.
tions sans commettre de ravages... » Il y aurait à citer par centaines des phrases semblables. Celles-ci suffisent pour nous permettre
de conclure qu'au regard de M. Taine, comme
au regard des philosophes de race, toute cette
immense nature, si complexe et touffue, n'est
qu'une matière à exploitation intellectuelle,
comme elle est pour le peintre matière à tableaux, et pour le poète matière à rêveries.

A chaque sorte d'imagination correspond
une sorte particulière de sensibilité. Nous ne
iouissons et nous ne souffrons que de ce que
nous sentons réel, et cela seul est réel pour
nous qui reparaît devant notre solitude, quand,
fermant les yeux et ramenant notre âme sur
elle-même, nous évoquons notre mirage personnel de l'univers. Sachant de quelle façon
un philosophe interprète la vie, nous savons
ce qu'il revoit intérieurement dans ses heures
de réflexion. Comme toute expérience se résout chez lui en quelques idées générales, ce
sont ces idées qui ressuscitent devant sa pensée
méditative. Partant, sa sensibilité à l'égard des

personnes et des choses est d'ordinaire médiocre, car ces personnes et ces choses existent
à peine pour lui. Il saura distinguer par contre d'innombrables nuances dans les idées ; il
en goûtera la beauté propre et, si l'on peut dire,
technique, comme un peintre goûte la beauté
technique qui résulte de la juxtaposition de deux
couleurs, et un musicien celle que procure la
concomitance de deux sons. La sublimité
d'une large hypothèse ravira le philosophe,
la délicatesse d'une théorie l'enchantera. Ses
bonnes fortunes seront les découvertes d'ingé-
nieuses formules, et ses débauches les entiers
abandons aux ivresses de la fantaisie métaphysique. Il y a une plénitude de l'être qui se
rencontre seulement dans une complète harmonie entre nos facultés et nos actions. Un
frémissement de toute notre nature s'émeut
alors, qui exalte jusqu'à son énergie suprême
la conscience de notre vitalité. A ce point de
vue toutes les passions sont identiques, et le
philosophe, en poursuivant cette extase souveraine de son cerveau, est le frère du joueur
et du débauché, comme du héros et du martyr.
Et plus l'extase est dominatrice, plus l'homme
est puissant. Chez les philosophes de génie,

cette extase a été si intense qu'elle a bu toute
la sève intime, et qu'aucun goût n'a pu fleurir
à côté. La biographie de Kant et celle de Spinoza nous fournissent deux exemples incomparables de cette possession de tout un tempérament et de toute une âme par un plaisir
unique, exalté jusqu'au délice et amplifié jusqu'à la manie. Par delà les anecdotes bizarres,
on devine la magnificence d'une passion irrésistible qui a permis à l'homme de se créer un
univers dans l'univers, et de se mouvoir dans
ce domaine propre comme l'Énée de Virgile
dans sa nuée : « Et la déesse déploya autour
d'eux dans l'espace le manteau d'une vapeur,
— de crainte que quelqu'un ne pût les voir,
quelqu'un les toucher... »

Certes, les facultés de M. Taine sont trop
complexes, sa curiosité a été trop éveillée, pour
qu'il ait jamais, en ses heures de spéculation
les plus absorbées, abouti à cette solitude absolue de l'intelligence et du cœur. De même
pourtant que l'imagination philosophique est
la maîtresse pièce de son intelligence, de
même l'émotion philosophique est la maîtresse
pièce de sa sensibilité. Les passages abondent
dans ses livres où il fait confidence des pro-

fonds bonheurs de sa pensée. Ce sont même les seules confidences qu'il ait jamais permises à sa plume de savant désintéressé de sa propre personne. Quand il parle de ses premières études, c'est avec la mélancolie nostalgique d'un amoureux qui songe aux premiers rendez-vous : « J'ai lu Hegel, — dit-il quelque part, — tous les jours, pendant une année entière, en province ; il est probable que je ne retrouverai jamais des impressions égales à celles qu'il m'a données... » Sainte-Beuve, lui, voué à l'histoire naturelle des esprits par une vocation révélée dès ses années de jeunesse, n'a-t-il pas écrit : « Il y eut à ce début des moments où je mettais tout mon avenir d'ambition et de bonheur à lire un jour couramment Ésope, seul, par un temps gris... » De pareilles lignes sont la définition même d'une nature intellectuelle. M. Taine a laissé encore tomber cet aveu : « Pour les gens d'imagination, à vingt ans, la philosophie est une toute-puissante maîtresse... On plane sur le monde, on remonte à l'origine des choses, on découvre le mécanisme de l'esprit. Il semble que, du coup, on se soit trouvé des ailes. Sur ces ailes nouvelles, on s'élance à travers l'histoire et la nature. » Cette effusion lyrique fait comprendre qu'il parle avec une sympathie si complaisante de M. Pierre et de son ami, les deux métaphysiciens logés près du Jardin des Plantes « qui ne vont point dans le monde, ne jouent pas au whist, ne prennent point de tabac, ne font point de collection; — ils aiment à raisonner... » S'il est aux Italiens, et qu'il voie s'accouder sur le velours d'une loge une charmante enfant, toute rose et virginale dans une robe idéalement bleue, il l'analyse, il discute, il songe, il aperçoit à son sujet cinq ou six grandes vérités de psychologie sociale, et il se dit: « J'en ai tiré tout ce qu'elle valait... » Il s'est mis lui-même en scène sous le masque transparent du touriste Paul du *Voyage aux Pyrénées*, philosophe aussi et qui prétend que « les goûts comme le sien croissent avec l'âge, et qu'en somme le sens le plus sensible, le plus capable de plaisirs nouveaux et divers, c'est le cerveau... » Dans les conseils qu'il donne aux jeunes gens sous le masque non moins transparent de Thomas Graindorge, quelle félicité suprême leur recommande-t-il de rechercher? la « contemplation ». Entendez par là cette Philosophie que Carlyle appelle si profondément, dans son *Sartor resartus :* « *a spiritual Picture of nature...* une peinture spirituelle du monde.* » La riche et prodigieuse variété des phénomènes se résume en quelques lois qui sont comme les fioles d'opium, mères du songe grandiose. On s'abandonne à elles, et aussitôt « on cesse de voir et d'entendre un fragment de la vie : c'est le chœur universel des vivants qu'on sent se réjouir et se plaindre, c'est la grande âme dont nous sommes les pensées... » Spinoza, cette fois, n'aurait pas mieux dit, et l'on croirait lire un commentaire de l'admirable cinquième livre de l'*Éthique* sur « l'amour intellectuel de Dieu ». Tant il est vrai qu'à des années de distance, et malgré les diversités de l'éducation et du milieu, les mêmes passions s'échappent en mêmes cris d'éloquence et du même accent, et presque avec les mêmes mots !

Pour une âme ainsi douée de la sensibilité philosophique et de l'imagination qui lui correspond, la sincérité n'est plus même une vertu, c'est un état coutumier et inévitable. Calculer le retentissement de ses idées, elle ne le peut pas. L'absorption profonde l'en empêche. Un véritable poète ne peut pas davantage calculer l'effet que produiront ses vers, ni un mathématicien la valeur d'application pratique de ses formules. L'entraînement de la faculté maîtresse est trop puissant, la jouissance que procure l'exercice de cette faculté trop intense. Stendhal a donné la raison de cette impossibilité où se trouve l'artiste de nature, comme le savant, de réfléchir sur la portée sociale de son travail: « ... Un homme comme Jean-Jacques Rousseau n'a pas trop de dix-huit heures par jour pour songer à tourner les phrases de son *Émile*. Un homme qui veut amasser quatre cent mille francs avec une chose aussi ennuyeuse, au fond, que des livres où il n'y a pas d'âme, n'a pas trop de dix-huit heures par jour, pour trouver les moyens de s'introduire dans les coteries en crédit... » M. Taine, lui, n'a pas eu trop de dix-huit heures par jour pour aménager ses théories, et c'est pour cela qu'il n'a jamais trouvé le loisir de mesurer les conséquences immédiates de ces théories sous le point de vue du succès contemporain. C'est ainsi qu'il a brutalisé, dans sa première jeunesse, les sentiments religieux et moraux de beaucoup de ses compatriotes, comme il brutalise aujourd'hui les sentiments politiques de beaucoup d'autres, en s'en doutant à peine, et à coup sûr sans s'inquiéter du résultat de ces heurts de l'opinion : « Je fais deux parts de moi-même, a-t-il déclaré quelque part : l'homme ordinaire qui boit, qui mange, qui fait ses affaires, qui évite d'être nuisible et qui tâche d'être utile. Je laisse cet homme à la porte. Qu'il ait des opinions, une conduite, des chapeaux et des gants comme le public, cela regarde le public. L'autre homme, à qui je permets l'accès de la philosophie, ne sait pas que ce public existe. Qu'on puisse tirer de la vérité des effets utiles, il ne l'a jamais soupçonné... — Mais vous êtes marié, lui dit Reid. — Moi ? point du tout. Bon pour l'animal extérieur et que j'ai mis à la porte. — Mais, lui dit M. Royer-Collard, vous allez rendre les Français révolutionnaires. — Je n'en sais rien. Est-ce qu'il y a des Français ?...» Comprenez-vous maintenant qu'il est injuste de demander compte à un tel homme de la place que ses convictions lui assignent dans la mêlée des doctrines actuellement en lutte? C'est vous qui lui imposez cette place, ce n'est pas lui qui l'a choisie.

Une situation d'esprit un peu exceptionnelle

se paye toujours chèrement ; nous venons de
voir la rançon de celle-ci. Mais elle a aussi ses
avantages. Le plus incontestable est l'autorité.
L'homme qui possède ce don de l'autorité peut
devenir impopulaire, il peut être haï, calomnié.
Il n'en garde pas moins ce prestige singulier,
presque indéfinissable, qui ajoute un poids considérable à toute parole tombée de sa bouche,
à tout écrit échappé de sa plume. Ce qui as-
sure cette sorte de pouvoir au philosophe isolé
dans son système, c'est précisément cet isolement et la qualité de certitude qu'il suppose.
Nous vivons dans une époque d'effondrement
religieux et métaphysique, où toutes les doctrines jonchent le sol. Non seulement nous n'a-
vons plus, comme les gens du xvii° siècle, un
credo général, régulateur de toutes les consciences et principe de tous les actes ; mais nous
avons perdu aussi cette force de négation qui
fut le *credo* à rebours du xviii° siècle. Toutes
les personnes qui, de près ou de loin, se ratta-
chèrent au mouvement de combat dirigé par
Voltaire eurent une certitude au moins, à savoir qu'ils combattaient l'erreur. Toute une foi
inconsciente était enveloppée dans cette cer-
titude-là. N'était-ce pas croire que la raison

est infaillible puisqu'un signe évident sépare ce qui est raisonnable de ce qui ne l'est point ? Telle n'est plus la conviction de notre âge de critique. Nous avons tant multiplié les points de vue, si habilement raffiné les interprétations, si patiemment cherché la genèse, partant la légitimité, de toutes les doctrines, que nous en sommes arrivés à penser qu'une âme de vérité se dissimule dans les hypothèses les plus contradictoires sur la nature de l'homme et celle de l'univers. Et comme, d'autre part, il n'est pas d'hypothèse suprême qui concilie toutes les autres et s'impose à l'intelligence dans son intégrité, une anarchie d'un ordre unique s'est établie parmi tous ceux qui réfléchissent. Un scepticisme sans analogue dans l'histoire des idées en dérive, — scepticisme dont M. Renan est chez nous le plus extraordinaire représentant. Ce mal de douter même de son doute entraîne avec lui un cortège d'infirmités que tous connaissent : vacillation de la volonté, compromis sophistiques de la conscience, dilettantisme toujours à demi détaché et toujours indifférent, — toutes faiblesses qui nous rendent plus enviables encore ceux qui ont fait, eux aussi, le tour de bien des idées et qui n'ont pas perdu les grandes vertus de jadis : solide énergie du caractère, invincible rigueur dans la discipline intime, sérieuse étreinte de la réalité. Si l'on traçait l'histoire des influences dans notre xixe siècle français, bien foncièrement et irréparablement désabusé, on serait étonné de trouver que tous les systématiques ont exercé sur cette époque une dictature, même quand ils ne la méritaient pas, comme tel ou tel utopiste sans valeur, — à plus forte raison un systématique d'une rare vigueur d'esprit et doublé d'un savant de premier ordre.

Donc la puissance de M. Taine sur l'opinion, puissance obtenue sans qu'il l'ait désirée jamais, — et ses conflits avec les diverses nuances de cette opinion, conflits provoqués sans qu'il s'en soit jamais soucié, s'expliquent également par les effets contradictoires d'une forme d'esprit initiale. Il reste à montrer comment cette forme d'esprit s'est développée dans un milieu très spécial, et quelle a été son œuvre. On verra que ces deux éléments une fois donnés, une certaine conception de l'âme humaine devait naître et par suite une certaine conception de la politique contemporaine. Ces trois points s rccssifs font l'objet des trois parties de cette étude.

II

LE MILIEU

De ce que le philosophe ne calcule pas le retentissement immédiat de sa doctrine, il ne suit point que cette doctrine soit absolument indépendante du milieu où elle a été formée. Tout système, — l'histoire nous le démontre, — se rattache par le plus étroit lien aux autres productions de l'époque dans laquelle il a paru. Faut-il beaucoup de réflexion pour comprendre qu'une même disposition de l'esprit français s'est manifestée par les théories de Descartes, qui séparaient radicalement la pensée et la matière, l'âme humaine et l'animalité, par la poésie de Boileau et de Racine, et par la peinture du Poussin ? Un même moment de l'esprit germanique a mis au jour Hegel et Gœthe, comme un même moment du génie anglais a produit le théâtre brutal de Wycherley, les grossières satires de Rochester et le violent matérialisme de Hobbes. Une simple analyse du mot système permettait d'ailleurs de conclure aussi, et *apriori*, à la parenté profonde des philosophes et de leur milieu. Construire un système, n'est-ce pas achever par une hypothèse explicative la somme des connaissances exactes que l'expérience a fournies ? Nous possédons sur l'univers et sur l'homme une certaine quantité de notions positives, nous les coordonnons et nous les complétons par une théorie générale, comme un géomètre dessine une circonférence entière d'après le simple fragment d'un cercle. Plus tard, la quantité des notions positives sera augmentée, et notre théorie de la nature et de l'esprit se trouvera ne plus correspondre à ces données nouvelles. L'arc à fermer sera plus ouvert et le rayon de la circonférence devra être plus grand. Mais ces notions positives, matière indispensable de notre hypothèse, comment l'expérience nous les apporte-t-elle ? De deux façons très distinctes, me semble-t-il. D'une part, le philosophe connaît les résultats généraux des sciences expérimentales à l'heure où il travaille, et il y conforme son imagination d'inventeur d'idées. D'autre part, ce philosophe a subi, du

moins dans son enfance et dans sa jeunesse,
les influences infiniment multiples et complexes
de sa famille et de ses amis, de sa ville et de sa
contrée. Sa vie sentimentale et morale a précédé
ou accompagné sa vie intellectuelle. Cette seconde initiation se mélange à la première,
quoi que le penseur en ait, si bien que la découverte d'une doctrine se trouve être à la fois
un roman de l'esprit et un roman du cœur. Je
citerai ici encore l'exemple de celui que
Schleiermacher appelait « l'illustre et infortuné
Spinoza » ; et, de fait, on doit toujours en re-
venir à cet homme prodigieux quand on veut
étudier sur place un exemplaire accompli de la
grande existence métaphysique. Le puissant
système exposé dans les cinq livres de l'*Éthique* n'a-t-il pas pour fondement positif, d'a-
bord les notions de physique et de mathématique propres à la science du xviiᵉ siècle, et
ensuite les notions d'expérience personnelle
que la naïve biographie de Colerus nous révèle ? Si le mélancolique et souffreteux poitrinaire n'avait pas été maudit par ses frères en
religion, persécuté par sa famille, dédaigné
par la jeune fille qu'il désirait épouser, s'il
n'avait senti, dès son adolescence, la table de

fer de la réalité peser sur sa personne et la meurtrir, certes il n'aurait pas écrit avec une soif si évidente d'abdications des vains désirs les terribles phrases où se complaît son stoïcisme intellectuel : « Ni dans sa façon d'exister, ni dans sa façon d'agir la nature n'a de principe d'où elle parte ou de but auquel elle tende... » ; et cette autre, qu'il faut relire après le consolant *Pater noster qui es in cælis* de l'Evangile pour en mesurer le cruel fatalisme : « Celui qui aime Dieu ne peut pas faire d'effort afin que Dieu l'aime en retour... »

Qu'on se figure maintenant les circonstances parmi lesquelles a grandi M. Taine, et quelle sorte de matière à mettre en œuvre la société a fournie aux tentatives de cette imagination philosophique dont il était doué. Il a eu ses vingt ans en plein Paris de la fin du règne de Louis-Philippe, et les souvenirs de ses amis d'École normale, — ceux, par exemple, si évidemment sincères, que M. Sarcey donnait récemment dans la *Revue politique,* — nous le montrent intéressé par toutes les discussions de ses camarades d'alors, et remuant en leur compagnie toutes les idées importantes de l'époque. Étranges années que celles-là, qui se sont écoulées aux environs de 1850, années douloureuses et qui ont con-sommé la banqueroute des magnifiques espé-rances de la première moitié du siècle! En lit-térature, le romantisme paraît vaincu. A-t-il tenu ses grandes promesses de rénovation es-thétique? Comment ne pas en douter, lors-qu'on voit tous les poètes abdiquer leur art l'un après l'autre? Le seul Victor Hugo main-tient son pennon, et il vient d'essuyer la dé-faite des *Burgraves*. Mais Lamartine s'occupe uniquement de politique ; mais Alfred de Mus-set achève de noyer son génie dans l'ivresse; mais Théophile Gautier s'appelle lui-même un

> Vieux rimeur abruti par l'abus de la prose,

et tourne la roue de son feuilleton avec une mélancolie d'esclave: « Qu'est-ce qu'on va encore nous faire faire?... » disait-il plus tard à M. Théodore de Banville, avouant ainsi la se-crète douleur de toute son existence de journa-liste malgré lui; mais Alfred de Vigny s'est retiré dans sa tour d'ivoire ; mais Sainte-Beuve a enterré sous l'amoncellement de ses études critiques ce poète mort jeune que la plupart des hommes, prétendait-il, portent en eux; mais Auguste Barbier a perdu le souffle lyrique de ses *Iambes*. C'en est fini des belles luttes autour des chefs-d'œuvre nouveau-nés, les *Méditations* ou les *Orientales*, et c'en est fini aussi de l'exaltation spiritualiste qui avait accompagné, en l'avivant, la ferveur poétique des jours de flamme. Le maître de la *Nuit de Décembre*, Théodore Jouffroy, est mort. Les insuffisances de l'éclectisme prôné par Victor Cousin et imposé comme une doctrine officielle éclatent à tous les yeux, en même temps que la révolution de 1848 découvre les insuffisances des vingt systèmes de sociologie indépendante qui avaient foisonné sous le régime de Juillet. Ce sont là les signes extérieurs d'une désagrégation plus profonde. Sous l'influence des luttes formidables de la tragédie révolutionnaire et sous le prestige de l'étonnante épopée impériale, une génération avait grandi, toute pénétrée du concept héroïque de la vie, c'est à-dire que les jeunes gens qui la composaient, tout naturellement s'étaient nourris de rêves démesurés et grandioses. Et comment n'auraient-ils pas cru à la toute-puissance, à la magie même de la Volonté de l'homme, eux qui avaient vu un monde nouveau sortir, jeune, resplendissant et sublime, du sépulcre des siècles défunts, une Europe s'écrouler, une autre s'élever, et un simple lieutenant d'artillerie réaliser les plus extravagantes chimères de l'ambition la plus effrénée par la seule vigueur de son génie et l'énergie de ses rudes soldats? Puis, ce monde nouveau s'était trouvé tout de suite aussi vieux que l'autre. L'Europe nouvelle ne valait pas mieux que l'ancienne. Le conquérant était mort là-bas, puis ses compagnons, un par un; et une lèpre de médiocrité commençait de s'étendre sur les mœurs et la politique. Voici que les deux brillants départs, de la Restauration d'abord, puis de 1830, aboutissaient à l'abaissement des caractères, à la matérialité grossière des jouissances. Le siècle avait manqué son œuvre !

Pas tout entière pourtant; car, au milieu de ces décombres universels, un arbre pousse, dont la végétation luxuriante redouble de vitalité dans ce paysage de mort. Cet arbre aux frondaisons touffues et sans cesse multipliées, c'est la Science. Seule elle n'a pas menti à ses dévots. Que dis-je ? Elle dépasse les espérances les plus hardies. Celui qui jette ses regards sur le développement scientifique de cette première moitié du siècle, après avoir contemplé la misère des autres entreprises, peut-il retenir un élan d'admiration? Les travaux de Fresnel sur la lumière, ceux d'Ampère et d'Arago sur le magnétisme et l'électricité, ceux de Magendie et de Flourens sur le système nerveux, je cite au hasard, et combien d'autres encore! ont renouvelé tout à la fois notre vue théorique de l'univers et nos moyens d'action sur les forces naturelles. Des applications pratiques d'une incalculable portée sont là pour témoigner que la besogne accomplie dans les laboratoires est une œuvre de réalité. Pour la première fois l'Isis entr'ouvre son voile. L'homme prend à la fois connaissance et possession de ce *cosmos* dont la splendeur l'épouvantait et dont le mystère l'écrasait. Et quel est l'outil de ce progrès quasi merveilleux? L'application de la méthode y a suffi. Quelle méthode? Celle que Bacon a réduite en maximes et que les chercheurs pratiquent uniquement: l'Expérience. De cette constatation à l'enthousiasme, à l'idolâtrie envers cette méthode unique, il n'y a qu'un pas, et les jeunes hommes que cette prodigieuse fécondité de la science enivre d'es-

poir, comme les hommes faits qu'elle console
après de si durs mécomptes, l'ont bientôt
franchi. Une sorte de logique invincible et inconsciente s'agite en nous, qui contraint les
plus rebelles à pousser jusqu'au bout de leurs
idées. Si derrière la science, il y a la méthode,
derrière la méthode il y a quelque chose encore. Ce quelque chose, qui constitue l'essence
même de la recherche expérimentale, c'est le
Fait. Établir une expérience, c'est déterminer
un ou plusieurs faits, rien de plus. La science
a été sur la voie de sa prospérité du jour où
les savants ont eu le culte, la passion exclu-
sive du fait et rien que du fait. Nos gens auront donc, eux aussi, la religion du fait puisqu'ils ont la religion de la méthode. Vous
souvenez-vous du roman de Dickens où le positivisme anglais s'incarne dans un personnage
de condition et de culture moyennes qui n'a
jamais, peut-être, entendu parler de l'induction, mais chez qui la manie de la notion
exacte et sèche est entrée par chaque pore: «A
présent, s'écrie-t-il, ce qu'il me faut, ce sont
des faits; n'enseignez à ces filles et à ces garçons que des faits. On n'a besoin que des faits
dans la vie. Ne plantez rien autre chose en

eux. Déracinez en eux toute autre chose. Vous ne pourrez former l'esprit d'un animal raisonnable qu'avec des faits... » C'est la traduction, ce discours, de la parole intérieure que se prononcent neuf Anglais sur dix, de celle que se prononcèrent beaucoup de Français vers 1850.

C'est alors, en effet, que le héros du roman et du théâtre cesse d'être le mélancolique, ou poitrinaire ou révolté, toujours en désaccord avec les circonstances, pour devenir le brutal et rude manieur de réalités que M. Alexandre Dumas fils a si hardiment posé sur la scène. L'expression d' « homme fort » est à la mode. Elle signifie une exploitation intelligente et peu scrupuleuse du fait bien compris. Et d'une extrémité à l'autre de la société, cette exploitation s'installe. Tout en haut, c'est au nom du fait accompli que le régime impérial se fonde et prospère; tout en bas, c'est vers le succès, la jouissance immédiate, la fortune et le luxe, que tendent les efforts des travailleurs. D'Idéal politique, il n'est plus question. La faillite des rêves socialistes ou libéraux paraît définitive. L'Idéalisme est vaincu également dans la littérature. Au lyrisme fougueux succède l'observation implacable, et la prose précise de Voltaire recommence d'être en vogue. C'est l'époque où les vastes travaux de confort national s'accomplissent avec une ampleur extraordinaire, où le suffrage universel devient le procédé unique du gouvernement, parce qu'il a la valeur indiscutable du chiffre. L'instruction publique s'organise en vue d'assurer à l'enseignement des sciences un triomphe sur l'enseignement des lettres. Des programmes de l'ancienne classe de philosophie, qui était une école de spéculation, qu'a-t-on retenu? la logique, c'est-à-dire la portion sèche et technique, mais stricte aussi, mais positive. Toutes ces tentatives se fondent en une sorte de courant mélangé qui bouillonne et n'a pas une rive très nette. A trente années de distance, la direction est reconnaissable. C'est après coup que l'unité d'un temps se dessine. De menus détails de mœurs la révèlent, mieux encore les noms des personnages originaux qui furent les chefs de file des grandes besognes. Cette entrée du second Empire dans l'histoire a eu pour grand homme politique le duc de Morny, — pour grand auteur dramatique M. Alexandre Dumas fils, pour grands romanciers M. Gustave Flaubert et les frères de Goncourt.

M. Taine aura été son grand philosophe. Je
n'entends point par là qu'il n'y ait pas eu d'autres politiciens, d'autres artistes en œuvres d'i-
magination, d'autres penseurs, et qu'ils n'aient
valu ceux dont je viens d'écrire les noms, si
même ils ne les ont surpassés. N'importe!
Ceux-là ont au front cette marque spéciale
d'avoir été, chacun dans un genre, les représentants d'une même poussée d'idées. M. Taine
en a donné, ce me semble, la plus abstraite
et par suite la plus profonde formule.

Tout le système philosophique de M. Taine
était dressé dans son esprit dès ses premiers
livres. On en trouvera un résumé d'une clarté
supérieure dans les deux chapitres qui termi-
nent les *Philosophes classiques du* xixe *siècle*,
— chapitres composés, nous dit la préface,
ainsi que le reste de l'ouvrage, exactement en
1852, et sous l'influence des libres causeries
avec quelques jeunes gens très distingués de
cette époque. A lire la préface de l'*Intelligence*, où l'auteur a ramassé comme en un
corps de doctrine ses certitudes et ses hypothèses sur la pensée et sur la nature, il est aisé
de constater que le système, pareil à quelque
édifice d'une savante et forte architecture, n'a

pas bougé. Considéré dans ce qu'il a d'essen
tiel, ce système se ramène à concevoir le *moi*
comme constitué par une série de petits faits
qui sont des phénomènes de conscience, et la
nature comme formée par une série aussi de
petits faits qui sont des phénomènes de mouvement. Le philosophe est formel sur ces deux
points : « Il n'y a rien de réel dans le *moi*,
dit-il, sauf la file de ses événements... » En
d'autres termes, pas plus dans le *moi* que dans
les corps, M. Taine n'admet une substance
permanente et cachée qui soutienne les qualités,
et qui survive, identique et durable, aux événements accidentels et passagers. Des fusées
de phénomènes caducs, qui montent quelques
minutes ou quelques heures, puis s'abîment
irréparablement, — tel est pour lui le monde.
C'est, comme on voit, une réapparition de l'antique hypothèse d'Héraclite sur l'écoulement
universel. Pour nous représenter ce *moi* et
cette nature, ce sont donc de petits faits qu'il
faut connaître et qu'il faut classer. La méthode
se trouve être la même dans les sciences dites
morales et dans les sciences dites naturelles.
Dans les unes comme dans les autres, c'est par
une analyse qu'on doit commencer. Je sup-

pose que j'aie à étudier la personnalité d'un écrivain ou d'un grand général, je ne procéderai pas autrement qu'un chimiste placé devant un gaz, ou qu'un physiologiste en train d'examiner un organisme. Je dresserai par voie d'observation une liste des petits faits qui constituent cet écrivain ou ce général ; et cette liste une fois dressée, je déterminerai, par voie d'induction, les faits dominateurs qui commandent les autres, comme dans un arbre les plus grosses branches commandent les moindres. Il est ainsi des phénomènes initiaux et générateurs, de qui les autres dérivent. Transformez-les, une transformation totale suit. Comprenez-les, vous comprendrez tous les phénomènes secondaires. Dans un animal, la nutrition, par exemple, est un de ces phénomènes initiaux. Dans un écrivain, comme dans un général, ce sera le genre d'imagination. Le génie de Michelet découle tout entier de la lucidité merveilleuse avec laquelle il se représentait des états de sensibilité ; celui de Napoléon de sa puissance de vision topographique. Que le premier eût été incapable de se configurer des intérieurs d'âmes, et le second des saillies de terrain, ni l'histoire de France n'eût été écrite, ni la bataille d'Austerlitz n'eût été gagnée. Ces quelques faits initiaux et générateurs une fois trouvés, il reste à les rattacher à d'autres encore qui soient plus haut placés dans la hiérarchie des causes. Cette imagination particulière à l'homme est due à l'hérédité. Dans l'individu, il s'agit donc de déterminer la race. Le développement de la race tient lui-même à des conditions spéciales de milieu. Arrivés à ce degré, il est possible de monter plus haut encore et de rattacher à un fait suprême, loi générale de l'esprit, tous les faits petits ou grands dont nous avons suivi la filière. C'est l'œuvre de la science de la pensée de ramasser ainsi en quelques lois très simples toute la série de ses expériences, c'est l'œuvre aussi de la science des corps. Il s'agit de résumer enfin ces quelques lois générales, — qui ne sont, remarquons-le, que des faits très généraux, — « jusqu'à ce qu'enfin la nature, considérée dans son fond subsistant apparaisse à nos conjectures comme une pure loi abstraite, qui, se développant en lois subordonnées, aboutit sur tous les points de l'étendue et de la durée à l'éclosion incessante des individus et au flux inépuisable des événements... »

La portée de cette doctrine n'est pas en question. Seule, sa valeur de psychologie sociale nous intéresse. Il n'est pas malaisé d'apercevoir que deux éléments ont contribué à façonner cette conception. de l'univers. Le premier est l'Hégélianisme. Dans une forte étude sur Carlyle, M. Taine, après avoir déclaré que notre principal travail est de repenser les idées de la grande métaphysique allemande, les exprime ainsi : « Elles se réduisent à une seule, celle du développement (*entwickelung*) qui consiste à représenter toutes les parties d'un groupe comme solidaires et complémentaires, en sorte que chacune d'elles nécessite le reste, et que, toutes réunies, elles manifestent par leurs successions et par leurs contrastes la qualité intérieure qui les assemble et les produit. » Cette qualité intérieure, Hegel l'appelle l'*idée* du groupe. M. Taine l'appelle un Fait dominateur. C'est qu'il introduit dans l'Hégélianisme un principe étranger qu'il emprunte à la science et à l'esprit positiviste de l'époque. Les vagues et vaporeuses formules se solidifient sous sa main de Français perspicace et que les mots ne trompent point. Là où Hegel aurait mis une dissertation, M. Taine met une des-

cription. L'anecdote soigneusement choisie
tient dans ses pages la place de la phrase abstraite et sans contour saisissable. Partout et
toujours c'est un effort pour installer la méthode de la science. Avec quelle exaltation
presque enivrée il parle de cette science et de
l'avenir qu'elle nous prépare : «... Elle approche enfin et elle approche de l'homme. Elle
a dépassé le monde visible et palpable des
astres, des pierres, des plantes, où dédaigneu-
sement on la confinait. C'est à l'âme qu'elle se
prend, munie des instruments exacts et per-
çants dont trois cents ans d'expérience ont
prouvé la justesse et mesuré la portée. Elle
apporte avec elle un art, une morale, une politique, une religion nouvelle, et c'est notre
affaire aujourd'hui de les chercher !... » Avec
quelle confiance il assigne pour but idéal à
toute recherche « la découverte de petits faits,
bien choisis, importants, significatifs, ample-
ment circonstanciés et minutieusement no-
tés... » ! Et comme il se comprend que la génération, alors nouvelle, dont il exprimait la foi
profonde, avec des formules nettes comme un
axiome de mathématique et vibrantes comme
les strophes d'un hymne, ait reconnu en lui

l'Initiateur, l'homme qui voyait la terre promise et en racontait par avance les rajeunissantes, les mystérieuses délices !

III

L'AME HUMAINE ET LA SCIENCE

« C'est à l'âme que la science va se prendre... » Ce mot contient en germe toute l'œuvre tentée par M. Taine. Si l'on considère la quantité des matières traitées, cette œuvre est multiple et variée comme la vie même; si l'on considère la permanence immuable de l'idée directrice, elle apparaît simple et serrée comme un traité de géométrie. Elle se résume dans l'application de la théorie des petits faits, et dans l'hypothèse que tous les phénomènes de la vie intellectuelle ou volontaire ont une raison suffisante de leur existence dans un ou plusieurs phénomènes antécédents. En admettant que les petits faits qui constituent le *moi* peuvent être étudiés par les procédés de la méthode expérimentale, et par conséquent que la psychologie est une science, M. Taine se sépare de l'école matérialiste, laquelle réduit toute la portion exacte de l'étude de l'âme à un chapitre de physiologie. M. Taine a vu très profondément qu'un phénomène de conscience, une idée par exemple, est la cause d'une série d'autres phénomènes de conscience, quelle que soit d'ailleurs la modification physiologique correspondante. Par suite, quand bien même nous ferions de l'âme une simple fonction du cerveau, nous n'en devrions pas moins étudier la vie intérieure en tant que vie intérieure, et du point de vue de la pensée en tant que pensée. Mais il se sépare aussi de la psychologie classique, telle que les Écossais et Jouffroy l'avaient définie, en abandonnant la méthode de la réflexion personnelle et solitaire pour lui substituer celle de l'enquête universelle et de l'expérience multipliée. Au regard de M. Taine, tout, dans l'existence de l'homme, intéresse le psychologue et lui fournit un document. Depuis la façon de meubler une chambre et de servir une table, jusqu'à la manière de prier Dieu et d'honorer les morts, il n'est rien qui ne mérite d'être examiné, commenté, interprété, car il n'est rien où l'homme n'ait engagé quelque chose de son être intime. Carlyle a écrit le

Sartor resartus, ouvrage énigmatique où il développe une philosophie du costume et disserte sur la politique et l'histoire à propos de tabliers et de culottes. Il n'a fait qu'exagérer jusqu'à la bouffonnerie une vérité féconde, posée par Balzac dans la préface générale de la *Comédie Humaine*, à savoir : « que l'homme, par une loi qui est à rechercher, tend à représenter ses mœurs, sa pensée et sa vie, dans tout ce qu'il approprie à ses besoins... » C'est dire du même coup qu'aucune manifestation, si menue soit-elle, n'est absolument insignifiante et négligeable. Mémoires et correspondances, monographies historiques et romans d'analyse, œuvres des artistes et travaux des artisans, — l'investigation du savant doit dépouiller tous ces dossiers des passions grandes ou petites. Apercevez-vous l'ampleur énorme que prend soudain l'étriquée et grêle science des Thomas Reid et des Dugald Stewart ? Comprenez-vous aussi de quelle importance devient dans cette psychologie l'hypothèse du déterminisme universel que j'indiquais tout à l'heure comme essentielle au système de M. Taine ? Supposons que tout phénomène de la vie morale n'est pas déterminé par un ou plusieurs

phénomènes antécédents ; en d'autres termes,
admettons qu'il y ait spontanéité et liberté dans
l'âme, au sens usuel de ces mots : l'édifice
croule tout entier. C'est là le point attaquable
de la doctrine. Cette psychologie est bien constituée comme une science, mais elle repose sur
un postulat de métaphysique.

Dans cet immense empire de la science de
l'âme, ainsi étendu à tous les faits de la nature
humaine et de la société, M. Taine a choisi
comme sujet particulier de ses études le domaine de la production littéraire et artistique.
C'est un fait encore que cette production, et
capital, que le philosophe doit examiner dans
le plus grand nombre de ses cas et les plus
variés. La Grèce et Rome, l'Italie de la Renaissance, la France des trois derniers siècles
et l'Angleterre de tous les âges, dans combien
de milieux et de moments divers l'auteur de
l'*Intelligence* n'a-t-il pas considéré ce phénomène de la formation de l'œuvre d'art ? L'histoire lui est apparue comme une vaste expérience instituée par le hasard pour le bénéfice
du psychologue, et, grâce à elle, il a renouvelé
ou, si l'on veut, déplacé toute la doctrine de
l'ancienne critique, puis par contre-coup, les

points de vue des artistes nourris de ses théories. Un premier caractère de ce renouvellement a été la suppression complète de l'idée de la moralité dans les œuvres d'art. Pour se demander, en effet, comme aurait pu le faire un La Harpe, un Gustave Planche et même un Sainte-Beuve au moins dans ses premiers essais, si un livre ou un tableau a une portée morale qui mérite l'éloge ou qui commande le blâme, il faut admettre que l'écrivain et le peintre ont exécuté leur ouvrage par un acte de volonté responsable, hypothèse qui contredit manifestement le principe déterministe, appliqué partout par M. Taine. Qu'il le sache ou non, celui qui juge un produit de l'esprit fonde son arrêt sur une théorie particulière de l'esprit. Un livre ou un tableau était pour l'adepte de l'antique psychologie l'effet d'une cause individuelle. Un analyste de l'école de M. Taine aperçoit dans cet effet, comme dans tout autre, l'aboutissement d'une série de causes partielles qui, elles-mêmes, sont des effets par rapport à d'autres causes dominatrices, et ainsi de suite indéfiniment. C'est la phrase du poète stoïcien : « Elle descend depuis la première origine du monde, — la série des causes, et toutes les destinées sont en souffrance, — si tu essaies de changer quoi que ce soit... » Pour M. Taine, comme pour Spinoza, comme pour les panthéistes de tous les temps, la somme entière des forces conspire à mettre au jour le moindre petit fait, et derrière chacun de ces petits faits l'imagination du songeur aperçoit des files indéfinies d'événements. De ce royaume de la nécessité absolue, toute appréciation du Bien et du Mal est bannie, — ajoutons toute appréciation du Beau et du Laid; ou du moins la laideur et la beauté apparaissent sous un angle très singulier. Le groupe de faits qui produit sur mon esprit une impression que j'étiquette du terme de beauté, n'est pas isolé du groupe de faits qui produit sur ce même esprit l'impression de laideur, puisque tout se tient d'une façon étroite dans la vaste série des événements qui composent le monde. Mon impression seule établit la différence; mais, si je veux sortir de cette impression et raisonner, je dois convenir que je suis en présence des mêmes forces, lesquelles ont, dans un cas, produit la réussite, et dans l'autre l'avortement, par une même nécessité de nature. Arrivé à ce degré de l'analyse, je suis tout voisin de m'intéresser à l'avortement aussi bien qu'à la réussite ; surtout lorsque je découvre que chez un même auteur, par exemple, l'avortement de certaines parties du talent était la condition de la réussite du reste. Cette même imagination de la sensibilité qui a servi d'instrument divinatoire à Michelet dans son étude des guerres de religion devait, à de certains moments et en présence de certains hommes, le conduire à d'étranges excès d'injustice, et comprenant Michel-Ange et Luther comme il a fait, il ne pouvait comprendre et n'a compris ni Montaigne ni Bonaparte. Les qualités de son style dérivent aussi de cette imagination et lui imposent ses défauts. A me pénétrer de cette vérité, je suis tout près de ne plus admirer dans l'historien que cette imagination toute-puissante, et comme cette puissance se manifeste dans les défauts au moins autant que dans les qualités, à aimer passionnément ces défauts nécessaires et, par suite, précieux. L'œuvre d'art ne m'intéresse plus en elle-même, elle est un signe des causes profondes qui l'ont amenée à la lumière. Ce sont ces causes que j'étudie en elle, par suite c'est l'énergie de ces causes qui m'émeut, m'étonne, me ravit. Par suite encore, les vertus d'arran-

gement, l'harmonie régulière, la parfaite délicatesse, la mesure souveraine auront pour moi
un attrait moindre que l'outrance et les heurts
violents. Les œuvres très équilibrées sont des
signes aussi, mais des signes moins apparents,
et de puissances moins déchaînées.

Examinons en effet quels auteurs M. Taine
comprend le plus vivement, et quels styles il
goûte avec la plus visible sympathie. C'est,
parmi les modernes, Michelet justement et
c'est Balzac. Au XVIIIe siècle, c'est Saint-Simon.
Chez les Anglais, il admire entre tous Shakespeare, le douloureux Swift et Carlyle, — tous
écrivains dont la qualité maîtresse est d'être
significatifs au plus haut point. Chez eux du
moins l'attache qui unit l'artiste à son œuvre
est toute visible, et leurs livres sont réellement
de la « psychologie vivante. » Il y a plaisir
certes, et comme une ivresse, à voir une faculté
grandir dans un cerveau jusqu'à y devenir
démesurée. Elle se dérègle, elle déborde, bri-
sant les règles de l'esthétique, s'exaspérant en
inventions de toutes sortes, recréant à nouveau
la langue, effrénée, dangereuse, incomparable !
La chétive individualité du poète s'efface et

laisse apparaître quelque loi grandiose de l'intelligence dont la splendeur rayonne et nous ravit. Il est probable qu'un physiologiste de grand esprit éprouve devant des morceaux de peinture une impression analogue à celle qui saisit M. Taine devant une page de prose ou de poésie. Sous les magnifiques carnations et parmi les déploiements des nobles corps d'une toile de Rubens, vraisemblablement ce savant aperçoit la mise en jeu des fonctions de la vie physique et l'intelligence supérieure des lois profondes qui la gouvernent. C'est la profondeur de ces lois et l'intensité de ces fonctions qui l'intéressent. Il est légitime de sentir ainsi, comme il est légitime de s'en tenir au point de vue contraire et de considérer les œuvres d'art non plus comme *significatives*, mais comme *suggestives*. Ainsi font les poètes et les amoureux... Une femme délicate et tendre se trouve seule dans son salon intime, par une après-midi voilée d'hiver. Au dehors c'est un ciel de brouillard et de suie qui pèse sur la ville où se déchaîne la foule brutale. Elle devine ce ciel, sans en rien voir, à la mélancolie qui la gagne, quoique le store d'un bleu si pâle soit baissé déjà, et tamise la lumière triste avec une tendresse voluptueuse. Cette lumière, d'une demi-teinte presque surnaturelle, semble caresser les objets qui entourent la jeune femme, chers objets, muets pour les autres, mais qui lui racontent si doucement, à elle, l'histoire des bonheurs qu'elle n'aura pas ou qu'elle n'aura plus. Dans leurs cadres ciselés et sur la petite table, sur la cheminée, sur le guéridon, les portraits de ceux qu'elle aime sont épars, et jurent que les êtres dont ils gardent la ressemblance sont ailleurs, séparés de celle qui songe à eux, par la distance, par la vie, ou par la mort. Les meubles sur lesquels elle promène ses yeux, que noie une ombre intérieure, donnent à la chambre comme un visage par leur rangement familier et leur forme connue. Nostalgique et frémissante, elle prend un recueil de poésie dans le casier où reposent ses livres préférés. Le feu brûle paisiblement. Abandonnée sur sa chaise longue, elle lit au hasard, et comme elle n'a pas de signet sous sa main, il lui arrive, quand elle s'interrompt de sa lecture, de tirer une épingle de ses beaux cheveux et de la glisser entre les feuillets. Le livre lui parle, à elle aussi, comme au philosophe, mais il lui parle par évocation. Au lieu d'apercevoir derrière les phrases la main qui les écrivait, le corps auquel tenait cette main, la poussée du sang dans ce corps, et aussi la poussée des images, toutes les sourdes et profondes origines animales du talent, elle aperçoit le songe du poète, l'au-delà inexprimable et mystérieux dont il a su faire comme un halo à ses vers. Elle lit dans Lamartine ce fragment divin :

> Des pêcheurs un matin virent un corps de femme
> Que la vague nocturne au bord avait roulé.
> Même à travers la mort sa beauté touchait l'âme...

Elle lit dans le *Livre de Lazare* de Henri Heine les navrantes *Réminiscences :* « Ce sont surtout les larmes de la petite Juliette qui me fendent le cœur... », dans Sully-Prudhomme, les idéales strophes des *Vaines tendresses :*

> Il leur faut une amie à s'attendrir facile...

Derrière les pages vaguement teintées du cher livre, devine-t-elle, comme M. Taine, « un homme ayant fait ses classes et voyagé, avec un habit noir et des gants, bien vu des dames et faisant le soir cinquante saluts et une vingtaine de bons mots dans le monde, lisant les journaux le matin, ordinairement logé à un second étage, point trop gai parce qu'il a des nerfs, surtout parce que, dans cette épaisse démocratie où nous nous étouffons, le discrédit des dignités officielles a exagéré ses prétentions en se rehaussant son importance, et que la finesse de ses sensations habituelles lui donne quelque envie de se croire Dieu...? » Il est possible que ce soit là comme l'impur et fécond terreau de la belle fleur, et que cette poésie, raffinée jusqu'à en être poignante, soit l'effet visible de ces causes cachées. Mais, précisément, ces stances délicieuses, pour la jeune femme qui s'en grise le cœur par cette ensorcelante après-midi du jour voilé d'hiver, ne sont pas un effet. Elles sont une cause. Les conditions où elles ont été produites lui importent peu. Elle ne se soucie pas de la cornue où s'est distillé le philtre magique, pourvu que cette magie opère et que la lecture se résolve en une exaltation exquise et tremblante. L'intérêt pour elle ne réside plus dans le fonctionnement des lois immuables de la psychologie ; il est tout entier dans le charme des visions que le livre suggère, ou douces ou tristes, toujours personnelles... Qui ne comprend que deux théories d'art très différentes sont enveloppées dans ces deux sensibilités contradictoires ? Celle dont M. Taine s'est fait le champion a eu cette supériorité, d'abord d'être soutenue par lui avec un luxe prodigieux d'exemples, une logique invincible, une chaleureuse éloquence, puis de correspondre à un des besoins profonds de l'époque. Une seule de ces raisons aurait suffi pour qu'elle fît école.

Il est remarquable que la théorie de Taine se retrouve au fond d'un grand nombre d'œuvres de nos artistes contemporains, parfois codifiée et nettement affirmée, d'autres fois voilée et comme fondue. Et il faut bien que cette théorie s'accorde de tous points avec quelque intime besoin de ce temps, puisque les œuvres animées et soutenues par elle s'imposent à la vogue d'une façon quasi miraculeuse. L'esthétique des écrivains dits naturalistes est-elle autre chose que la mise en œuvre de la maxime professée par M. Taine, à savoir que la valeur d'un ouvrage littéraire se mesure à ce qu'il porte en lui de documents significatifs, — documents humains, disent les chefs du groupe. Pour les adeptes de cette école, qui se

sont plus particulièrement appliqués au genre
romanesque à cause que la souplesse de ce
genre se prête mieux à tous les essais, le talent
d'écrire se réduit à donner le plus grand nombre de notes exactes sur l'homme et sur la société. Si donc, au lieu de présenter ces notes
bout à bout et toutes brutes, ils combinent des
intrigues, posent des personnages, spécialisent
des milieux, c'est encore en vue de l'exactitude.
Ainsi reliées les unes aux autres, les notes s'é-
clairent. La complexité du roman s'ingénie à
égaler la complexité de la vie. Elle y réussit,
et l'historien des mœurs du xix° siècle trouvera le travail tout préparé, s'il cherche à savoir comment les personnes du peuple et de la
bourgeoisie se nourrissent et s'habillent, se lo-
gent, se marient, conçoivent le plaisir, supportent la peine. Jamais catalogue ne fut mieux
dressé des espèces sociales et de leurs habitudes, au moins les extérieures. De proche en
proche, ce souci de doubler la soie brillante
de l'imagination avec l'étoffe solide de la
science gagne et triomphe. La critique a presque irréparablement abandonné la discussion
des œuvres considérées en elles-mêmes, pour
s'attacher aux conditions seules des œuvres; et

c'est ainsi que les articles d'études et de portraits foisonnent d'anecdotes, que tout homme
de lettres écrit plus ou moins ses mémoires,
bref, que le reportage a conquis son droit de
cité dans l'histoire de la littérature. La poésie
elle-même se fait psychologique et, comme les
jeunes gens le proclament, Parisienne et moderne. Visitez une exposition de peintres indé-
pendants, vous constaterez que ce mouvement
déborde l'art d'écrire, et qu'avec leurs toiles et
leurs couleurs les révolutionnaires du pinceau
s'efforcent aussi de donner sur leur génération
des renseignements précis et circonstanciés.
Celui-ci analyse avec une minutie d'anatomiste la petite déformation musculaire que
l'habitude du métier imprime au cou de pied
d'une danseuse où à l'épaule d'une repasseuse.
Celui-là montre, avec une recherche de moyens
très neuve, le lavage du tempérament et de
l'âme que le plaisir parisien inflige à ses for-
çats. Le portrait d'une danseuse par M. Degas,
l'étude d'un couloir des Folies-Bergère par
M. Forain, révèlent sous une forme très inattendue la profondeur de pénétration avec laquelle les méthodes scientifiques s'infiltrent
dans notre pensée. Comme une immense en-

quête est instituée sur l'âme humaine, qui va furetant, s'ingéniant, s'exagérant ici, ailleurs s'affinant, et préoccupée surtout d'exécuter le programme formulé d'un bout à l'autre de ses livres par M. Taine, à savoir un dénombrement de plus en plus ample et circonstancié des petits faits dont le *moi* humain est composé.

Il serait vain de déplorer ce triomphe des procédés de l'art significatif sur les procédés de l'art évocateur, car ce triomphe est la conséquence inévitable de la modification essentielle que la science produit à cette heure dans tout l'entendement humain, par suite dans la sensibilité. Il est permis de mesurer dès aujourd'hui la portée de cette application des méthodes scientifiques à toutes les choses de l'âme. Nous avons deux moyens pour faire cette mesure : d'abord, les faits accomplis, qui déjà sont assez définitifs pour permettre une conclusion; puis l'analyse du principe même et de la théorie qui considère toute notre vie personnelle comme un résultat de causes étrangères. Nous constatons ainsi que le pessimisme le plus découragé est le dernier mot de cette littérature d'enquête. De plus en plus au

cours des romans qui se relèvent de cette doctrine, la nature humaine est montrée misérable, dans ses dépressions sous le poids des
circonstances trop accablantes, dans ses impuissances contre les forces trop écrasantes.
Et le pessimisme n'est-il pas le dernier mot
aussi de l'œuvre tout entière de **M. Taine?**
Est-il besoin de rappeler les innombrables passages où se trahit, chez le psychologue victime
de sa propre méthode, le découragement suprême et l'irrémissible maladie du cœur? Faut-
il citer ce morceau funèbre du *Voyage en
Italie*, où devant les chefs-d'œuvre des siècles
anciens, il s'écrie douloureusement: « Que de
ruines et quel cimetière que l'histoire!... » et
où il compare l'humanité à la Niobé de Florence, dont les fils agonisent sous les coups du
Sagittaire: « Froide et fixe, elle se redresse,
sans espérance, et, les yeux fixés au ciel, elle
contemple avec admiration et avec horreur le
nimbe éblouissant et mortuaire, les bras ten-
dus, les flèches inévitables et l'implacable sérénité des Dieux... »? Doit-on mentionner le passage très connu où il affirme que la « raison et la
santé sont des accidents heureux », et cet autre
où il déclare que « le meilleur fruit de la

science est la résignation froide, qui, pacifiant et préparant l'âme, réduit la souffrance à la douleur du corps... »? C'est qu'aussi bien la définition même de la doctrine enveloppait le germe du nihilisme le plus sombre et le plus inguérissable. Si tout dans notre personne n'est qu'aboutissement et que résultat, si notre façon ou tendre ou amère de goûter la vie n'est que le produit de la série indéfinie des causes, comment ne pas sentir le néant de ce que nous sommes par rapport aux gigantesques, aux démesurées puissances qui nous supportent et nous écrasent avec le même épouvantable mutisme ? Où donc trouver pour leur résister, à ces terribles puissances, u ne autre arme que le renoncement absolu et que le *nirvâna* des sages de l'Inde? Quand Pascal constatait avec un tremblement passionné de tout son être qu'une goutte d'eau suffit à nous tuer et que nous sommes à la merci de ce stupide univers qui nous emprisonne, il se relevait aussitôt, et toute notre espèce avec lui, en opposant l'ordre de l'esprit et l'ordre du cœur à cet univers aveugle et impassible qui peut nous broyer, mais qui ne peut que cela. Hélas ! où donc prendre cet ordre du cœur, où cet ordre de l'esprit, si même nos sentiments et nos pensées sont des produits de cet univers, si notre *moi* nous échappe presque à nous-mêmes, sans cesse envahi par les ténèbres de l'inconscience, sans cesse à la veille de sombrer d'un naufrage irréparable dans les flux et les reflux de la morne et silencieuse marée des phénomènes dont il est un flot?... Ah! pas même un flot, mais un des imperceptibles atomes de la poussière d'écume que le vent disperse à travers le vide infini! Parlant des révoltes du cœur et après avoir montré que l'imperfection humaine est dans l'ordre, comme l'irrégularité foncière des facettes dans un cristal, M. Taine demande : « Qui s'indignera contre cette géométrie? » — Lui-même tout le premier! Seulement, son indignation se dompte avec orgueil. Un sourd et obscur gémissement la trahit à peine. Mais ce gémissement fait comme une basse profonde à l'hymne extatique entonné en l'honneur de la science. Que c'est bien là l'homme de notre temps, chez lequel la sensibilité héréditaire réclame une solution humaine de la vie humaine, une transcription mystique et surnaturelle de nos actes passagers, un monde éternel et immuable derrière ce chaos d'apparences fugitives, un Dieu paternel au cœur de la nature, tandis que l'implacable analyse lui décompose même ces douleurs, mêmes ces révoltes, pour lui en étaler les éléments constitutifs et nécessaires ! État intolérable, au bout duquel se trouve ou la renonciation aux plus nobles, aux plus sublimes exigences de l'âme, ou bien l'aveu que la science ne peut pas atteindre l'arrière-fonds immortellement nostalgique du cœur. Mais cet aveu-là, c'est la porte ouverte sur le mysticisme, c'est la déclaration qu'il est des vérités intuitives que l'analyse ne saurait donner, — et notre pensée ne veut pas consentir cette abdication !

IV

THÉORIES POLITIQUES

Si M. Taine a eu ses heures de pessimisme, et douloureusement éloquentes, ç'a donc été malgré lui et sans rien perdre de sa foi profonde à la science. Avec son entière bonne foi, il a reconnu la morne tristesse de ses impressions personnelles devant l'univers géométrique

et taciturne que cette science nous montre. Il
n'a pas essayé davantage de nier qu'une conta-
gion de désespérance gagne le siècle. Mais il
s'est appliqué à montrer que cette désespérance provient uniquement d'une disposition
personnelle de notre esprit, et non pas des
conclusions nécessaires de la science. A ses
yeux, le pessimisme et l'optimisme sont deux
manières de voir les choses, également légitimes, mais également inexactes, qui attestent
seulement un tour particulier de l'âme qui s'y
abandonne. Il va plus loin. Non content de
justifier la science d'avoir enfanté le mal du
siècle, il attend d'elle un remède contre ce mal.
Vague et incertaine attente, et dont je crois,
pour ma part, qu'elle sera déçue, car l'antinomie de la science et de la vie morale est
vraisemblablement irréductible. N'importe! Il
est généreux de s'efforcer de la résoudre, car il
y va du salut d'un des deux héritages sécu-
laires de notre pauvre humanité. M. Taine a
travaillé dans ce sens. Non qu'il ait composé
un traité spécial sur ce sujet; mais de cinquante
passages de ses œuvres une conception morale
se dégage, tantôt exposée nettement, comme
dans les dernières pages de l'étude sur lord

Byron, tantôt manifestée par un goût passionné pour l'équilibre de la parfaite santé,
comme dans les leçons qu'il a consacrées à la
sculpture grecque, comme dans les notes sur
l'Angleterre, et comme dans l'avant-dernier
chapitre de la *Philosophie de l'art* sur le degré
de bienfaisance de tel ou tel Idéal. Cette conception n'est pas différente de celle qui se retrouve au fond du Stoïcisme et du Spinozisme,
—doctrines appuyées comme celles de M. Taine
sur l'hypothèse de l'unité absolue de l'Univers.
« Sois en harmonie avec le *cosmos*, » disait
Marc-Aurèle, et l'auteur de l'*Éthique :* « Le
sage est celui qui participe par sa pensée à
l'éternelle nécessité de la nature. Celui-là, en
un certain sens, ne cesse jamais d'être, et seul
il possède le véritable repos de tout le cœur... »
Et Gœthe lui-même, le chef triomphant de
cette école : « Tâche de te comprendre et de
comprendre les choses... » Certes notre chétive personnalité n'est qu'une infime portion
de l'infini concert de la nature, mais au lieu
de nous en lamenter, pourquoi ne pas nous en
réjouir, capables que nous sommes de nous
associer à cet infini concert et de nous sentir
devenus un des membres vivants du corps im-

mortel de la Divinité ? Il suffit pour cela de suivre à la lettre une maxime dont le sens commun a proclamé depuis longtemps l'excellence, et de conformer nos désirs à l'ordre des choses, au lieu de lutter contre l'ordre inévitable des choses pour l'assujettir à nos désirs. Maxime apaisante, car elle nous prépare à supporter la douleur avec la consolation de la loi obéie, — maxime fortifiante, car elle nous enseigne à tourner au profit de notre développement toutes les circonstances qui nous entourent. La seule vertu de cette maxime a soutenu Gœthe dans le grand œuvre de sa merveilleuse culture, comme jadis elle avait soutenu les cités grecques dans le déploiement rythmique de leur libre activité. La portée de cette maxime passe en effet les destinées privées, et sa valeur, encore aléatoire en face des hasards de la vie individuelle, devient presque absolue, une fois appliquée à la vie des sociétés. C'est du moins ce que pense M. Taine, et il est arrivé ainsi à concevoir une morale politique greffée sur sa conception scientifique de l'homme et de l'Univers. Précisément cette morale politique s'est trouvée en conflit avec les idées de la Révolution de 1789 tout autant qu'avec les principes de l'Ancien Régime, si bien que l'auteur des *Origines de la France contemporaine* présente ce spectacle inattendu d'un philosophe également hostile aux deux partis qui se disputent la domination du pays. L'entière bonne foi a de ces aventures qui la rendent dangereuse à l'esprit qui la pratique, et souvent inintelligible à ceux qui n'entrent pas dans le secret du petit travail intérieur de cet esprit.

Il me semble que la morale politique de M. Taine, formulée dans ce qu'elle a de plus général, se ramène simplement à considérer un État comme un organisme. De même que la force et la santé personnelles s'obtiennent par une obéissance consciente ou inconsciente aux lois de l'organisme physiologique, de même la force et la santé publiques s'obtiennent par une obéissance consciente ou inconsciente aux lois de ce que l'on peut appeler l'organisme social. Des conditions de toutes sorte, inévitables et irréparables, ont produit cet organisme. La race y a contribué, puis le milieu, puis la série des circonstances historiques. Tel qu'il est, ou bon ou mauvais, ou admirable ou détestable, cet organisme fonctionne comme il existe, par une nécessité invincible. La sagesse, d'après la philosophie dont j'ai indiqué plus haut le principe, réside dans l'acceptation de cette nécessité. Admettre toutes les conditions de l'organisme social dont nous faisons partie, les admettre et nous y soumettre, tel est le commencement du progrès, car on n'améliore sa propre position qu'en la subissant et la comprenant. C'est le vieux mot de Bacon : *Nemo naturæ nisi parendo imperat...* appliqué au gouvernement des peuples. Respecter donc, non seulement les principes, mais les préjugés de sa race, « car le préjugé héréditaire est une raison qui s'ignore » ; conserver non seulement les institutions utiles, mais celles mêmes qui sont probablement abusives, parce qu'elles sont des parties vivantes d'un corps vivant ; ne prendre comme mesure des intérêts de l'État ni les exigences logiques de notre entendement, ni les nobles besoins de notre cœur, parce que ni notre esprit ni notre cœur ne sont la règle de la réalité ; procéder en un mot vis-à-vis de la société comme un médecin vis-à-vis d'une personne malade, avec la lente et timide prudence que donne la conviction de l'infinie complexité des fonctions ; voilà, en dehors des applications pratiques, l'esprit de la politique telle que la prescrirait M. Taine, telle qu'il la prescrit dans les morceaux où de simple narrateur il se fait juge, comme celui-ci que je détache de son second volume sur les *Origines de la France contemporaine* : « S'il est au monde une œuvre difficile à faire, c'est une constitution, surtout une constitution complète. Remplacer les vieux cadres dans lesquels vivait une grande nation par des cadres différents, appropriés et durables, appliquer un moule de cent mille compartiments sur la vie de vingt-six millions d'hommes, le construire si harmonieusement, l'adapter si bien, si à propos, avec une si exacte appréciation de leurs besoins et de leurs facultés qu'ils y entrent d'eux-mêmes, pour s'y mouvoir sans heurts, et que tout de suite leur action improvisée ait l'aisance d'une routine ancienne, une pareille entreprise est prodigieuse et probablement au-dessus de l'esprit humain... » Mieux vaut donc renoncer à cette entreprise et s'en tenir, pour faire prospérer une machine aussi délicate à manier qu'un État, aux deux grands procédés de toute modification : le temps d'abord, c'est-à-dire l'hérédité ; l'art ensuite, c'est-à-dire la spécialité. » Vraisemblablement M. Taine a pris l'admira-

tion du premier de ces procédés en **Angleterre**
et du second en Allemagne. J'imagine que s'il
rédigeait, comme son maître Spinoza, un traité
de politique, il commencerait par **eux** et con-
clurait de même.

Si l'on veut maintenant se rappeler les **théo-**
ries de gouvernement au nom desquelles s'est
faite la Révolution de 1789, on n'aura pas de
peine à constater qu'elles dérivent d'un **Idéal**
rationnel tout différent du principe historique
et positiviste sur lequel M. Taine s'est appuyé.
M. Taine, comme tous les philosophes qui
voient dans l'Etat un organisme, doit **consi-**
dérer et considère l'inégalité comme une loi
essentielle de la société. La Révolution avait
pour premier axiome que, sous un certain
point de vue, tous les hommes sont égaux.
Comme nous venons de le voir, une constitution est pour M. Taine une œuvre *à posteriori*,
construite par l'expérience, qui doit constater
les coutumes et non les créer, enregistrer et
régulariser, non défaire. Ç'a été le suprême
acte de foi de la Révolution de proclamer la
souveraineté créatrice de la Raison. Puis, la
Révolution admet que tout citoyen est propre
à tout. Souvenez-vous de l'éloquent passage

où Michelet développe, lui aussi, cette thèse à laquelle les sélections des grandes guerres n'ont pas donné tort, au moins pour un temps, et comparez l'opinion que M. Taine professe à l'égard des spécialistes. La Révolution pose encore, avec l'auteur de l'*Émile*, cette idée que l'homme est naturellement raisonnable et bon ; c'est la société mal faite qui le rend mauvais. M. Taine, pareil à tous ceux qui croient aux obscures origines animales de l'homme, est persuadé qu'une bête féroce mal endormie peut se réveiller dans chacun de nous. « L'homme est un carnassier, dit-il quelque part, il l'est par nature et par structure, et jamais la nature ni la structure ne laissent effacer ce premier pli. Il a des canines comme le chien et le renard, et, comme le chien et le renard, il les a enfoncées dès l'origine dans la chair d'autrui. Ses descendants se sont égorgés avec des couteaux de pierre pour un morceau de poisson cru. A présent encore, il n'est pas transformé, il n'est qu'adouci. La guerre règne comme autrefois, seulement elle est limitée et partielle... » Décréterez vous la royauté du peuple si vous le voyez composé de la sorte ? Enfin la Révolution, comme son nom l'indique, a été révolutionnaire. Elle a commencé par faire place nette. Elle a eu la méthode de son principe. Principe et méthode devaient répugner au philosophe de l'évolution lente, et, de fait, rien dans le mouvement de 1789 n'a trouvé grâce devant sa critique aiguë, excepté la guerre contre l'étranger ; et le motif qu'il donne de son admiration pour les soldats de cette héroïque époque mérite d'être noté, car il montre bien comment le philosophe est demeuré jusqu'au bout conséquent avec lui-même : « Ils ont été, dit-il, ramenés au sens commun par la présence du danger, ils ont compris l'inégalité des talents et la nécessité de l'obéissance... »

M. Taine professe donc une antipathie invincible pour les œuvres et les hommes de la Révolution, et en cela il est logique. Il ne l'est pas moins en professant la même antipathie pour les hommes et les œuvres de l'Ancien Régime. Car si la Révolution s'est faite à l'encontre de toutes les idées de sa doctrine politique, l'Ancien Régime n'était pas davantage conforme à ces idées. Et d'abord, persuadé comme il l'est de la nécessité inéluctable qui rattache tout phénomène à ses antécédents, il ne peut pas distinguer, comme le fait l'opinion commune, et opposer cet Ancien Régime à la Révolution. Il voit dans le premier de ces deux faits la cause directe et séculaire du second. « Ils sont, affirme-t-il quelque part à propos des Jacobins, les successeurs et les exécuteurs de l'Ancien Régime, et quand on regarde la façon dont celui-ci les a engendrés, couvés, nourris, intronisés, provoqués, on ne peut s'empêcher de considérer son histoire comme un long suicide... » Et là-dessus, dans un chapitre d'une condensation extrême, il montre comment les règles maîtresses de la santé politique ont été violées, les unes après les autres. Lui qui définit l'État un organisme, c'est-à-dire un assemblage de centres locaux, tous actifs et progressifs, il ne peut que répugner à la monarchie unitaire et absolutiste de Louis XIV qui, concentrant tous les pouvoirs dans la main du roi et toutes les forces vives de la nation dans la cour, a tari l'existence provinciale. Partisan de la spécialité intelligente, il ne peut que déplorer la conduite de l'aristocratie française et du clergé, qui n'ont pas su comprendre les obligations de leurs privilèges et garder la primauté du talent comme ils avaient la primauté du titre et du rang. L'Ancien Régime, en exagérant par la vie de cour l'importance des qualités de finesse et d'agrément, a petit à petit développé, puis porté à son plus intense degré ce que M. Taine appelle l'esprit classique, c'est-à-dire qu'à l'étude directe de la réalité l'idéologie s'est substituée, et à la méthode expérimentale les procédés de la raison abstraite et mathématique. Enfin M. Taine appartient à une école qui professe trop nettement le culte des faits accomplis pour ne pas juger comme vains tous les efforts que pourraient tenter vers le passé les apôtres de la réaction. Bienfaisante ou malfaisante, la Révolution a eu lieu, et la sagesse consiste à compter avec elle comme avec un de ces faits accomplis. Relisez maintenant la préface de 1875 que l'historien a mise à la tête de son grand ouvrage sur les *Origines de la France contemporaine*, et vous apercevrez les raisons profondes de l'étrange solitude d'opinion où il s'est placé, — solitude qui lui attire aujourd'hui les reproches des républicains, comme elle lui attirait les anathèmes de l'évêque d'Orléans : « En 1849, ayant vingt et un ans, j'étais électeur et fort embarrassé ; car j'avais à nommer quinze ou vingt députés, et de plus, selon l'usage français, je devais non seulement choisir des hommes, mais opter entre des théories. On me proposait d'être royaliste ou républicain, démocrate ou conservateur, socialiste ou bonapartiste. Je n'étais rien de tout cela, ni même rien du tout... » Et depuis il n'a pas choisi davantage. Il était alors, il est aujourd'hui un philosophe parfaitement insoucieux de l'action, et qui se préoccupe seulement de la logique et de la sincérité de sa pensée, en politique comme ailleurs.

Trois questions peuvent être posées à l'occasion de l'*Histoire des origines de la France contemporaine*. La première intéresse les historiens. Que vaut la méthode, que valent les textes, que vaut la critique de l'auteur ? La seconde intéresse les politiciens. Quelle est la portée exacte des théories, leur excellence ou leur insuffisance ? — Le titre même de cet ouvrage me permet de répondre seulement à la troisième, qui intéresse le psychologue. Comment M. Taine est-il arrivé à produire une sorte de volte-face dans l'opinion de beaucoup de ses anciens admirateurs ? J'ai essayé de montrer l'entière unité du développement de ce sombre mais puissant esprit. Il représente, avec une intensité singulière, la religion de la science propre à la seconde moitié du xix⁰ siècle français. A cette religion, il a tout sacrifié, depuis les plus sublimes désirs du cœur jusqu'aux plus légitimes désirs de popularité. Il semble avoir tracé d'avance son portrait lorsqu'il a peint le M. Paul des *Philosophes classiques* : « Suivre sa vocation, chercher dans le grand champ du travail l'endroit où on peut être le plus utile, creuser son sillon ou sa fosse, voilà selon lui la grande affaire; le reste est indifférent... » — Mais comment creuser ce profond et large sillon sans couper sur leur pied beaucoup de fleurs ?

V

STENDHAL (HENRI BEYLE)

STENDHAL (HENRI BEYLE)

———

Le lecteur s'étonnera peut-être que, dans cette série d'études consacrées à certains cas singuliers de psychologie contemporaine, j'arrive à parler d'un écrivain mort au mois de mars 1842 et qui eut ses vingt ans sous le Consulat. Si l'on s'en rapporte aux dates, l'énigmatique personnage qui signa du pseudonyme de Stendhal deux des chefs-d'œuvre du roman français, et se fit appeler *Arrigo Beyle, Milanese*, sur la pierre de son tombeau, appartient à une époque littéraire bien éloignée de la nôtre. Mais un tour d'esprit très original, et rendu plus original par une éducation très personnelle, voulut que ce soldat de Napoléon traversât son époque littéraire comme on traverse un pays étranger dont on ne sait pas la langue, — sans être compris. Il écrivit beaucoup et ne fut guère lu. Même les rares amis qui le connurent et qui l'apprécièrent n'espéraient point pour lui cette gloire posthume, laquelle va grandissant de telle sorte que nous disons couramment à l'heure présente : Balzac et Stendhal, comme nous disons Hugo et Lamartine, Ingres et Delacroix. Il y a une raison à ce fanatisme — car Henri Beyle a ses fanatiques — de 1882, comme il y eut une raison au dénigrement, ou plutôt à l'indifférence, qui accueillit les publications du romancier de 1830. Cet homme de lettres, qui fut aussi un homme de caserne et un homme de chancellerie, eut le dangereux privilège de s'inventer des sentiments sans analogue et de les raconter dans un style sans tradition. Les sentiments ne furent point partagés, et le style ne fut point goûté. Il avait donné lui-même la raison de cet insuccès, le jour où il formula cette vérité profonde que, de confrère à confrère, les éloges sont des certificats de ressemblance. Mais n'en est-il pas ainsi de ces milliers d'éloges anonymes qui vont du public à l'écrivain, et se résument dans l'applaudissement passager de

la vogue, ou l'acclamation durable de la gloire?
Henri Beyle était, vis-à-vis de ses contemporains, comme le Julien Sorel de *Rouge et Noir*
vis-à-vis des séminaristes, ses compagnons :
« Il ne pouvait plaire, il était trop différent... »
Tout au contraire, il se trouve ressembler, par
quelques-unes des dispositions habituelles de
son âme, à beaucoup de nos contemporains à
nous, qui reconnaissent dans l'auteur des *Mémoires d'un Touriste* et de la *Chartreuse de
Parme* comme une épreuve avant la lettre de
plusieurs traits de la sensibilité la plus moderne.
Beyle disait, avec un flair surprenant de sa
destinée d'artiste : « Je serai compris vers
1880. » Il y a quarante ans, cette phrase choquait comme une outrecuidance ; aujourd'hui,
elle étonne comme une prophétie. Expliquer
pourquoi cette prophétie ne s'est pas trompée,
et pourquoi nous aimons d'un amour particulier ce méconnu d'hier, ne sera-ce pas expliquer par quelles nuances nous différons de nos
prédécesseurs ? Qui peut affirmer que dans
quarante autres années, ce même Stendhal et
ses fervents ne seront pas enveloppés d'un profond oubli par une nouvelle génération, qui
goûtera la vie avec des saveurs nouvelles ? Ce

point d'interrogation doit hanter souvent la pensée de ceux qui font profession de peindre leur rêve du monde « avec du noir sur du blanc ». Car la grande incertitude de la renommée littéraire a ceci de bon qu'elle nous guérit des inutiles ambitions d'immortalité et nous amène à ne plus écrire, comme Stendhal lui-même, que pour nous faire plaisir, à nous-mêmes et à ceux de notre race. — Mais comment toucher les autres, et à quoi bon ?...

I

L HOMME

Deux amis, d'inégale intelligence mais d'une égale affection, ont tracé d'Henri Beyle des portraits qui se complètent heureusement l'un l'autre. Le plus connu est celui que Mérimée fit courir sous le manteau et qu'il étiqueta de ce titre clandestin : « H. B., par l'un des Quarante. » On retrouvera cette étude d'après nature en tête de l'édition actuelle de la *Correspondance* de Stendhal, mais signée, cette fois, en toutes lettres, et débarrassée de plusieurs traits un peu vifs. L'autre portrait, placé aujourd'hui dans le même volume que l'étrange roman d'*Armance*, est dû à un camarade d'enfance de Beyle, son exécuteur testamentaire, le Dauphinois R. Colomb. Il porte en épigraphe cette phrase, tirée des papiers du mort : « Qu'ai-je été ? Que suis-je ? En vérité, je serais bien embarrassé de le dire... » La notice de Mérimée fixe quelques détails de la physionomie virile de Beyle, celle de Colomb marque quelques lignes de sa physionomie adolescente. Ni l'une ni l'autre ne valent, pour nous introduire à fond dans cette âme compliquée d'artiste et de diplomate, de philosophe et d'officier, les livres mêmes du Maître, ceux-là surtout comme la *Correspondance*, comme le journal de son premier voyage en Italie : *Rome, Naples et Florence,* et comme ces *Mémoires d'un Touriste*, résidu de ses nombreux voyages en France, où l'homme s'abandonne et cause tout uniment. Les mots se succèdent. Les idées jaillissent. Vingt anecdotes se croisent. L'accent du conteur est si fidèlement noté que l'oreille entend une voix qui darde les phrases brèves et fines. Ainsi parlait Beyle lorsque, dans ses soirs de mélancolie, il se grisait de son propre esprit « pour mettre des événements entre son malheur et lui », — ou dans ses soirs de gaieté un peu folle, quand il jouait à la raquette avec un partner de conversation, au milieu de cette atmosphère sociale qui l'enchantait : « Un salon de huit à dix personnes aimables, où le bavardage est gai, anecdotique, et où l'on prend du punch léger à minuit et demi... » Dans un fragment inachevé, il s'est dépeint sous le nom de Roizard en une ligne saisissante : « Lorsqu'il n'avait pas d'émotion, il était sans esprit. » Et c'est bien cet esprit, en effet, toujours teinté d'émotion, — cet esprit qui est une façon de sentir plus encore qu'il n'est une façon de penser, — cet esprit, amusé à la fois et passionné, curieux et mobile, vivant surtout, et personnel comme la vie même, qui court à travers ces pages sans correction, écrites, comme au bivouac, sur le coin du genou. Mais quelle correction savante a ce charme de naturel, cette fraîcheur de pensée saisie comme à sa source ? A lire et à relire ces involontaires confidences d'un écrivain qui croit ne noter que des théories, et qui révèle son cœur et ses nerfs à chaque minute, toutes les influences qui ont façonné ce génie singulier deviennent visibles. C'est la chair et c'est les muscles qui apparaissent sur le squelette des faits matériels de cette existence, aussi colorée que psychologique. L'homme ressuscite au regard de l'imagination qui songe et, avec lui, les trois ou quatre grandes causes qui l'ont amené à représenter prématurément quelques-unes de nos manières de jouir et de souffrir, bien qu'il y ait, entre lui et nous, ce vaste cimetière de deux générations mortes.

C'est donc une causerie que ces livres, et cette causerie est celle d'un artiste dont la sensibilité, merveilleusement agile, s'émeut à l'occasion d'innombrables objets. Mais sous l'artiste il y a un philosophe, et même le philosophe domine sans cesse. La faculté souveraine de cette pensée en mouvement réside dans l'invention d'idées générales; et ce plaisir de ramasser en une formule une collection de menus faits est tellement vif pour cet esprit ardent, qu'il lui sacrifie tout : jolis effets de mots, belles images, musique des périodes. Comme il arrive aux intelligences de cet ordre, les idées générales mêmes lui paraissent bientôt trop particulières; elles se subordonnent à de plus générales ; un système se dégage, dont les qualités et les défauts expliquent la puissance et les insuffisances des analyses qu'il a commandées. Beyle n'est pas seulement un philosophe, c'est un philosophe de l'école de Condillac, d'Helvétius et de leur continuateur, Destutt de Tracy. Il a subi, jusque dans les moelles, l'influence du sensualisme idéologue, qui est celui de ces théoriciens. Avec eux, il attribue à la sensation l'origine de toute notre pensée. Avec eux, il résout dans le plaisir tous nos mobiles d'action et tous nos motifs. Poussant ses premiers principes jusqu'à leur extrême conséquence, il considère que le tempérament et le milieu font tout l'homme. Sa métaphysique sommaire le rend implacable pour toutes les inventions de l'Idéalisme allemand, comme elle le rend féroce sur l'article de la religion. « Le papisme, disait-il souvent, est la source de tous les crimes. » Il est athée à la manière d'André Chénier, jusqu'au délice. On connaît sa phrase célèbre : « La seule chose qui excuse Dieu, c'est qu'il n'existe pas. » Il est matérialiste, jusqu'à l'héroïsme : « Je viens de me colleter avec le néant, écrit-il après sa première attaque d'apoplexie ; c'est le passage qui est désagréable, et cette horreur provient de toutes les niaiseries qu'on nous a mises dans la tête à trois ans. » Il ne se contentait pas de penser ainsi pour son propre compte, il faisait des élèves. Il endoctrina Jacquemont, il prêcha Mérimée, auquel il reprochait « le manque d'avoir lu Montesquieu, Helvétius et de Tracy ». Ni la faveur du public pour les Écossais et Jouffroy, pour l'hégélianisme et Cousin, ni le renouveau de piété poétique qui signala le romantisme naissant, n'entamèrent cette première foi philosophique qui, de sa pensée, descendit dans son style. Les condillaciens définissaient la langue une algèbre, et Beyle écrivit, en effet comme un algébriste. Les critiques lui ont reproché de négliger sa forme. C'est à peu près comme si on reprochait à un mathématicien les abréviations de ses polynômes. Pour justifier sa manière d'écrire, Beyle disait : « Souvent je réfléchis un quart d'heure pour placer un adjectif après un substantif... » Il était de bonne foi, et il ajoutait que les raisons de cette place de l'adjectif et du substantif lui étaient dictées par la logique : « Si je ne vois pas clair, tout mon monde est anéanti... » Reconnaissez-vous le disciple de cette forte école d'analystes français, pour laquelle la précision a toujours été la qualité psychologique par excellence? Beyle a dit encore : « Pour être bon philosophe, il faut être sec, clair, sans illusion. Un banquier qui a fait fortune a une partie du caractère requis pour faire des découvertes en philosophie, c'est-à dire pour *voir clair dans ce qui est.* »

A vingt ans, les livres qu'on lit avec passion donnent une expérience, le métier qu'on choisit ou qu'on subit en donne une autre, souvent contradictoire. Tel fut le cas d'Henri Beyle. A peine au sortir des livres, il fit la guerre. Avec quelles ardeurs d'enthousiasme, les fragment de sa *Vie de Napoléon* suffisent à l'attester. Une éloquence contenue y trahit l'émotion profonde. « J'éprouve une sorte de sentiment religieux en écrivant la première phase de la vie de Napoléon... » L'image du grand général s'associait, dans le souvenir de Stendhal, aux plus enivrantes impressions de danger héroïque et de jeunesse enfin délivrée. Il faut songer qu'en avril 1800, lorsqu'il partit pour les régiments d'Italie, il exécrait sa famille, dont il était du reste maudit, que son existence d'étudiant à Paris avait été précaire et maladive, puis qu'il allait faire campagne sous le plus beau ciel du monde et avec la plus glorieuse armée. C'était de quoi remuer délicieusement un cœur généreux auquel la présence du danger procurait un spasme à demi terrible, à demi voluptueux. Il y a un frisson nerveux d'une espèce unique et qui se rencontre dans un mélange d'extrême bravoure et de nervosité folle. Beyle connut ce frisson et s'y complut, au point que vous le retrouverez chez tous ses personnages. Il disait : « J'ai eu un lot exécrable jusqu'au passage du mont Saint-Bernard. Mais, depuis lors, je n'ai plus eu à me plaindre du destin... » Il servait au 6e dragons et fut nommé sous-lieutenant à Romanego, entre Brescia et Crémone. Plus d'un passage de ses livres rappelle, avec une sorte de coquetterie du péril affronté, cette épaulette et cette campagne. Une note inattendue de *Rouge et Noir* (chap. v) revendique pour le romancier l'honneur d'avoir porté le long manteau blanc et le casque aux longs crins noirs, comme les soldats que Julien voit à leur retour d'Italie attacher leurs chevaux à la fenêtre grillée de la maison de son père. Le début célèbre de la *Chartreuse de Parme*, où

Fabrice del Dongo assiste à la bataille de
Waterloo, comme une jeune fille assiste à un
premier bal, avec un virginal frémissement
d'initiation, n'a pu être écrit qu'à la flamme
des souvenirs les plus passionnés, comme la
dédicace à Napoléon vaincu de l'*Histoire de
la Peinture en Italie*, si touchante d'admiration fière, n'a pu être composée qu'avec la
nostalgie de ces mois héroïques. Cette nostalgie justifie encore l'*Arrigo Beyle, Milanese*,
de l'épitaphe. En 1840, et lorsque la question
d'Orient se dénoua d'une manière pacifique,
Stendhal déclara qu'en reculant devant la
guerre, le gouvernement déshonorait le pays,
et il donna sa démission de Français. Comme
tous les goûts très vifs, cette ardeur pour les
hardies délices de l'existence militaire se com-
pensait par de dures rancœurs. En 1813, et
dans un journal écrit sur les hauteurs de Bautzen pendant la canonnade, Beyle écrivait: « Je
notais au crayon que c'était une belle journée
de *beylisme*, telle que je me la serais figurée et
avec assez de justesse, en 1806. J'étais commo-
dément, et exempt de tous soucis, dans une
belle calèche, voyageant au milieu de tous les
mouvements compliqués d'une armée de

140,000 hommes poussant une autre armée de 160,000 hommes, avec accompagnement de Cosaques sur les derrières. Malheureusement, je pensais à ce que Beaumarchais dit si bien : Posséder n'est rien, c'est jouir qui est tout... Je ne me passionne plus pour ce genre de plaisir. J'en suis saoul, qu'on me passe l'expression. C'est un homme qui a trop pris de punch et qui a été obligé de le rendre. Il en est dégoûté pour la vie. Les intérieurs d'âmes que j'ai vus dans la retraite de Moscou m'ont à jamais dégoûté des observations que je puis faire sur les êtres grossiers, sur ces manches à sabre qu'on appelle une armée... » Dépit d'amoureux et qui ne l'empêchait pas de s'attendrir à la seule idée de ces années passées « à manger son bien à la suite du Grand Homme », l'expression est de lui. « J'avais trop de plaisir, écrivait-il à Balzac pour excuser la longueur du début de la *Chartreuse*, j'avais trop de plaisir à parler de ces temps heureux de ma jeunesse... » On a souvent cité, pour marquer d'un trait son courage, l'anecdote qui le montre faisant sa barbe pendant la retraite de Russie, — crânerie de soldat bien caractéristique en effet de tout un côté de l'âme de Beyle cette âme follement éprise de l'action, jusqu'à s'être proposé comme sujet d'un livre : l'*Histoire de l'énergie en Italie !*

L'Italie ! ce mot revient sans cesse sous la plume de Beyle. Il en écrit les syllabes comme le personnage du poème de Virgile dut les prononcer, avec adoration. C'est qu'il l'avait connue et goûtée, cette belle Italie, dans la période la plus exaltée de sa jeunesse et quand toutes les fièvres de la vie brûlaient son sang. Il savoura, comme un barbare, cette voluptueuse impression animale du soleil, si caressante à ceux dont la jeunesse a grandi sous les nuages du Nord. Une atmosphère translucide enveloppe les maisons closes et dont les pierres roussies communiquent comme une chaleur au regard. Rien qu'à respirer, l'âme est allégée, le corps vit à l'aise. La créature humaine est naturellement belle à contempler sous ce ciel pur. La magnifique lumière sauve de la laideur même les haillons des mendiants. Une architecture originale fait de chaque ville une occasion nouvelle de rêves, comme un foisonnement prodigieux de toiles et de fresques en fait un paradis nouveau de plaisirs esthétiques. Il est aussi une grâce spéciale aux femmes de chacune de ces villes, et quand Beyle entra pour la première fois à Milan, quelle liberté intacte des mœurs ! Nous savons par les mémoires de cet étonnant Casanova, si bien nommé Aventuros par le prince de Ligne, quelle douce vie, riches et pauvres, nobles et plébéiens, menaient dans les cités italiennes de la fin du xviiie siècle. Presque la même facilité d'habitudes aimables s'offrit aux passions des jeunes officiers du jeune vainqueur de Marengo. Ce fut une griserie heureuse de toute une armée, et une griserie exquise de Beyle, entre tous, car entre tous il raffolait du naturel et de ce qu'il nommait, en épicurien sentimental, le Divin Imprévu : « Qu'on juge de mes transports, disait-il bien des années après, quand j'ai trouvé en Italie, sans qu'aucun voyageur m'eût gâté le plaisir en m'avertissant, que c'était justement dans la bonne compagnie qu'il y avait le plus d'imprévu... » Et jusqu'au moment où il put retourner vers cette patrie de félicité intime, ce ne sont que désirs d'amant éloigné, rêveries tendres, impatiences brûlantes. De Donawerth, en avril 1809, il écrit à un ami : « A cinq heures vingt minutes, départ pour Augsbourg ; journée charmante. J'aperçois tout à coup les Alpes : moment de bonheur. Les gens à calcul, comme Guillaume III, par exemple, n'ont jamais de ces moments-là. Ces Alpes étaient, pour moi, l'Italie... » Et de Vienne, un mois plus tard : « J'ai éprouvé, les premiers jours de mon séjour à Vienne, ce contentement intérieur et bien-être parfait que Genève seule m'avait rappelé depuis l'Italie...» Et de Smolensk, en 1812 : « Croirais-tu que j'ai un vif plaisir à faire des affaires officielles qui ont rapport à l'Italie ? J'en ai eu trois ou quatre qui, même finies, ont occupé mon imagination comme un roman... » Et aussitôt qu'un congé lui permet de passer les Alpes : « Transports de joie ! Battements de cœur ! Que je suis encore fou à vingt-six ans ! Je verrai donc cette belle Italie ! Mais je me cache soigneusement du ministre : les eunuques sont en colère permanente contre les libertins. Je m'attends même à deux mois de *froid* à mon retour. Mais ce voyage me fait trop de plaisir ; et *qui sait si le monde durera trois semaines?...* »

La philosophie du xviiiᵉ siècle, la poésie de la guerre, celle de l'Italie, voilà les trois maîtresses causes qui ont gouverné le développement de Beyle; il s'y abandonna sans arrière-pensée, et comme un nageur qui s'abandonne au courant qui le porte. Mais cet abandon ne fut pas une abdication de sa personne. Qu'il feuilletât un livre de Tracy, qu'il entrât dans Berlin le pistolet au poing, ou qu'il s'accoudât sur le rebord d'une loge à la Scala, il fut toujours l'homme sensuel, perspicace et romanesque, dont ses lettres révèlent les facultés contradictoires. La gravure, — très ressemblante, m'affirme M. Barbey d'Aurevilly, un de ses voisins d'Opéra, — qui se trouve placée à la première page du premier volume de ces lettres, nous montre un personnage à larges épaules, à col très court, à fortes mâchoires, avec un front carré, un nez bien ouvert, une bouche serrée et des yeux aigus. Tout enfant, ses camarades l'appelaient « la tour », à cause de son ampleur précoce. Il était de tempérament vigoureux, de bonne heure tourmenté par la goutte et prédestiné à l'apoplexie. Très robuste, il fit la guerre sans fatigue. Très sensuel, il rencontra dans les théories de Cabanis une doctrine à sa portée, comme il rencontra dans les mœurs italiennes un laisser-aller à sa convenance. Un passage connu de George

Sand nous le montre scandalisant par sa cru-
dité la romancière alors en voyage avec Musset. Un morceau moins connu de Balzac, qui
s'intitule « Conversation entre onze heures et
minuit », lui prête une anecdote rabelaisienne
jusqu'au cynisme. Mais ce tempérament vigoureux s'accompagnait d'une imagination toute
psychologique, c'est-à-dire très bien outillée
pour se représenter des états de l'âme. Le contraste est assez piquant pour que l'on y insiste.
Quand cet amoureux de la forte vie physique
décrit un de ses héros, précisément il laisse de
côté les détails de cette vie physique et note
seulement les détails de la vie morale. C'étaient,
semble-t-il, les seuls qu'il sût voir. S'il peint
un visage, c'est d'une façon rapide, presque
toujours pour signifier un petit fait intérieur, et
il exécute cette peintu e avec des mots sans
couleur. Il dira de Julien Sorel qu'il avait des
« traits irréguliers, mais délicats, un nez aqui-
lin, de grands yeux noirs et des cheveux châ-
tain foncé, plantés très bas »... et il passe.
Plus une fois, au cours du roman, il ne revien-
dra sur les détails visibles de cette physionomie
de l'homme qu'il a le plus complaisamment
étudié. Une maison, un ameublement, un pay-

sage, tiennent en une ligne. Et ce n'est point
là un parti pris de rhétorique ; il définit lui-
même le genre de son imagination lorsque,
parlant de ses procédés de style, il dit à Balzac : « Je cherche à raconter avec vérité et
avec clarté ce qui se passe dans mon cœur. »
Rapprochez ce mot des confidences d'un écrivain d'imagination physique, Théophile Gautier par exemple, ou Gustave Flaubert[1], vous
éprouverez une fois de plus que la première
question à se poser sur un auteur est celle-ci :
quelles images ressuscitent dans la chambre
noire de son cerveau lorsqu'il ferme les yeux ?
C'est l'élément premier de tout son talent. C'est
son esprit même. Le reste n'est que de la mise
en œuvre. Et toute l'habileté du plus savant
joailler va-t-elle jusqu'à changer un saphir en
une émeraude ?

Chez Stendhal, la rencontre si rare d'une
imagination psychologique et d'un tempérament violent se complétait par une sensibilité
délicate jusqu'au raffinement et tendre jusqu'à
la subtilité. C'est le trait le moins connu de son
caractère, celui qu'il dissimule de son mieux ;

1. Dans les *Hommes de lettres* des frères de Goncourt,
et l'*Intelligence* de M. Taine.

mais certaines phrases profondément, intimement sentimentales, de son traité sur l'*Amour*, comme celle-ci, digne de Byron : « *Ave Maria*, en Italie, heure de la tendresse, des plaisirs de l'âme et de la mélancolie, heure des plaisirs qui ne tiennent aux sens que par les souvenirs » ; ou cette autre si caressante : « Sans les nuances, avoir une femme qu'on aime ne serait pas un bonheur, et même serait impossible... » ; — mais la création de Mme de Rénal dans *Rouge et Noir*, et de Clélia Conti dans la *Chartreuse*, ces figures presque célestes de dévouement passionné ; — mais surtout quelques billets mystérieux de la *Correspondance*, irréfutables indices pour qui sait lire, trahissent chez ce moqueur et ce libertin le songe le plus romanesque du bonheur. En 1819, il faisait cet aveu probablement sincère : « Je n'ai eu que trois passions en ma vie : l'ambition, de 1800 à 1811; l'amour pour une femme qui m'a trompé, de 1811 à 1818 ; et depuis un an cet amour nouveau qui me domine et augmente sans cesse. Dans tous les temps, toutes les distractions, tout ce qui est étranger à ma passion, a été nul pour moi. Ou heureuse ou malheureuse, elle remplit tous mes moments... » A une personne à laquelle il paraît avoir beaucoup donné de son cœur, il écrivait : « N'aie pas la moindre inquiétude sur moi, je t'aime à la passion ; ensuite, cet amour ne ressemble peut-être pas à celui que tu as vu dans le monde ou dans les romans. *Je voudrais, pour que tu n'eusses pas d'inquiétude, qu'il ressemblât à ce que tu connais au monde de plus tendre...* » Et ce mot *tendre* revient constamment dans ses confidences, soit qu'il reproche à Mérimée de n'avoir pas dans ses récits un je ne sais quoi « de délicatement tendre », soit qu'il raconte les émotions que lui procure un air de Cimarosa ou une fresque du Corrége, ses maîtres préférés, soit encore qu'il déclare sa faiblesse de cœur : « une phrase touchante, une expression vraie du malheur, entendues dans la rue, surprises en passant près d'une boutique d'artisan, m'ont toujours attendri jusqu'aux larmes... » Il rencontre pour la première fois Byron dans la loge de Ludovic de Brême, à la Scala : « Je raffolais alors de *Lara*; dès le second regard, je ne vis plus lord Byron tel qu'il était réellement, mais tel qu'il me semblait que devait être l'auteur de *Lara*. Comme la conversation languissait, M. de Brême chercha à me faire parler. C'est ce qui m'était impossible. J'étais rempli de timidité et de tendresse. Si j'avais osé, j'aurais serré la main de Byron en fondant en larmes... » Exaltation charmante chez un analyste de cette acuité, mais bien digne de celui qui avait trouvé dans l'arrière-fond aimant de son âme cette définition de la beauté : « C'est une promesse de bonheur... » ; de celui qui fait prononcer à son Julien cette phrase aussi troublante que les plus troublantes de Shakespeare : « Ah! se disait-il en écoutant le son des vaines paroles qu'il disait par devoir à Mathilde, comme il eût fait un bruit étranger, *si je pouvais couvrir de baisers ces joues si pâles, et que tu ne le sentisses pas!...* » Deux ans avant sa mort et n'ayant pu tuer en lui ce pouvoir cruel de se sentir vibrer si finement au contact de la vie, il écrivait à un ami, avec une tristesse trop justifiée par les déceptions de la vieillesse commençante : « Ma sensibilité est devenue trop vive. Ce qui ne fait qu'effleurer les autres me blesse jusqu'au sang. Tel j'étais en 1789, tel je suis encore en 1840. Mais j'ai appris à cacher tout cela sous de l'ironie imperceptible du vulgaire! »

Qu'on se représente maintenant cet être complexe, à la fois hardi comme un dragon, subtil comme un casuiste, sensible comme une femme, soumis aux trois grandes influences que j'ai marquées tout à l'heure. Comme il a lu les philosophes et qu'il philosophe lui-même avec délice, il présente ce très étrange phénomène de l'analyse dans l'action et dans la passion, et il découvre des nuances toutes nouvelles en psychologie. Comme il a beaucoup voyagé à la suite de l'empereur et qu'il s'est fait des patries momentanées dans plusieurs villes de sa chère Italie, il est un des représentants les plus complets du cosmopolitisme moderne. Comme enfin il a beaucoup comparé, beaucoup senti, et, suivant sa formule favorite, dépensé sa fortune et sa santé en expériences, il énonce sur la France contemporaine quelques jugements d'une portée considérable, et il a la chance de les condenser dans un roman qui est un chef-d'œuvre, j'ai nommé le *Rouge et le Noir*. Ce sont les trois points que je voudrais examiner l'un après l'autre.

II

L'ESPRIT D'ANALYSE

Tout romancier a un procédé habituel de mise en œuvre, si l'on peut dire, qui tient de très près à sa façon de concevoir les caractères de ses personnages. Ce procédé servirait aisément d'étiage pour qui voudrait mesurer la profondeur psychologique des divers écrivains. Tel conteur aboutit toujours et presque tout de suite au dialogue, comme tel aûtre à la description. C'est que le premier voit surtout dans l'homme sa prise et son action sur les autres hommes, tandis que le second voit surtout le peuple d'atomes qui, des choses extérieures, pénètre peu à peu dans l'âme. Un troisième morcelle son récit en menus chapitres très courts, et compose ses héros d'une mosaïque d'idées et de sensations. C'est qu'il voit surtout les menus émois du système nerveux, et qu'en effet les créatures très nerveuses n'ont que des passages et que des moments. Le procédé de Stendhal est le soliloque. Certes, les personnages de ses récits sont des hommes d'action. Dans *Armance*, Octave de Malivert se bat en duel, et s'empoisonne. Dans le *Rouge et le Noir*, Julien Sorel, après force aventures dangereuses, assassine son ancienne maîtresse et monte sur l'échafaud. Comme on sait, le Fabrice de la *Chartreuse* commence par charger à Waterloo. Nous n'avons pas affaire à un écrivain sans invention et qui campe sur pied une sorte de musée de figures de cire. Octave, Julien, Fabrice, — j'ai choisi exprès les trois héros des grands romans de Beyle, — vont et viennent, risquent leur vie, osent beaucoup, varient à l'infini les circonstances de leur destinée..., et tout le long du livre cependant, l'auteur les montre qui tâtent le pouls à leur sensibilité. Il en fait des psychologues, voire des ergoteurs, qui se demandent sans cesse comment ils sont émus, et s'ils sont émus ; qui scrutent leur existence morale dans son plus intime arcane, et réfléchissent sur eux-mêmes avec la lucidité d'un Maine de Biran ou d'un Jouffroy. Et les soliloques succèdent aux soliloques. Octave est atteint d'une difformité secrète qui ne lui permet pas de se marier sans se déshonorer à ses propres yeux ; il se surprend à aimer sa cousine Armance de Zohiloff .. « Ah! une belle âme ! s'y attacher pour jamais, vivre avec elle et uniquement pour elle et pour son bonheur ! Je l'aimerais avec passion, je *l'aimerais*, moi, malheureux... », et un interminable monologue commence, non point prononcé comme ceux des pièces de théâtre, mais pensé, comme il convient dans un roman d'analyse, et comprenant l'infini détail d'une vaste association d'idées. Pareillement, dans le *Rouge et le Noir*, une page sur deux est remplie par la discussion que les personnages soutiennent à chaque instant avec eux-mêmes. Julien Sorel est le secrétaire du marquis de la Môle, il a reçu un billet d'amour de Mathilde, la fille de son protecteur. Trois chapitres suivent, consacrés au combat intérieur qui se livre dans Julien entre ces hypothèses contradictoires : Mathilde est-elle sincère? Est-elle la complice d'une machination contre le secrétaire du marquis? En dix phrases, il y a dix volte-face de ces questions angoissantes. Un traité de confession ne décompose pas plus finement les données d'un problème d'âme. Tout en galopant à la suite du maréchal Ney, parmi les éclats de terre soulevés par les boulets, Fabrice del **Dongo** poursuit de même un long monologue. *Fabrice se dit...., Fabrice se demanda..., Fabrice comprit...,* — ces formules reviennent avec une monotonie qui touche à l'obsession. Et lorsque le drame arrive, lorsque l'homme agit, quand Octave boit un mélange d'opium et de digitaline, quand Julien, à minuit, applique une échelle contre les fenêtres de Mlle de la Môle, quand Fabrice pique en avant sur un groupe de soldats suspects, ce n'est qu'à la suite d'un examen de conscience si minutieux que, pour beaucoup de lecteurs, l'illusion de la réalité devient impossible. Sainte-Beuve était du nombre, et les articles qu'il a consacrés aux romans de Stendhal témoignent qu'il ne put jamais s'intéresser à ce qu'il considérait comme des problèmes arbitraires de mécanique morale. Il est vraisemblable que Flaubert détestait « monsieur Beyle », ainsi qu'il l'appelait, pour la même raison. Henri Beyle ne se fût pas plus froissé des articles de Sainte-Beuve que des épigrammes de Flaubert. Je crois l'entendre répéter, avec son sourire des jours d'ironie, cette phrase de *Rouge et Noir* : « Ma présomption s'est si souvent applaudie de ce que j'étais différent des autres... Eh bien, j'ai assez vécu pour voir que *différence engendre haine.* »

Sainte-Beuve, en effet, trompé sur ce point, comme il le fut au sujet de Balzac, par des préjugés d'éducation, et Flaubert égaré, comme il le fut à l'endroit de Musset, par des préjugés d'esthétique, n'aperçoivent pas que la manière de conter de Stendhal constitue une méthode non seulement d'exposition, mais de découverte. Je la comparerais volontiers à une sorte d'hypothèse expérimentale. Pareil en cela aux romanciers de tous les temps, Stendhal n'a jamais fait que la psychologie de ses facultés. Son procédé consiste à varier à l'infini les circonstances où il place ces facultés, puis il charge le personnage de noter lui-même les modifications que ces circonstances ont dû produire. Et ce n'est point là un artifice d'écrivain. Le personnage, tel que Stendhal le conçoit à sa ressemblance, a comme maîtresse pièce de sa machine intérieure l'esprit d'analyse. Le romancier n'a pas besoin de décomposer par le dehors les mobiles d'action d'une telle âme, car il est dans l'essence de cette âme d'agir à la fois et de se regarder agir, de sentir et de se regarder sentir. Si le récit abonde en raisonnements compliqués et spécieux, c'est que les héros qu'il met en scène font en réalité ces raisonnements. Il y a beaucoup de groupes différents dans cette illusoire unité de la vaste espèce humaine. Celui que Stendhal étudie a pour trait distinct la puissance, et, si l'on veut, la manie de la dissection intime. Ne pas aimer cette façon d'être, vous le pouvez ; prétendre qu'elle est factice, vous ne le pouvez pas ; l'auteur n'aurait qu'à se citer comme un exemplaire accompli du groupe, et nous autres, qui venons après lui et souffrons comme lui de cette excessive acuité de l'esprit d'analyse, nous arriverions pour soutenir que les curiosités, ou plutôt les *cas* psychologiques, par lui décrits, sont bien les nôtres.

Considérons d'abord le travail accompli dans Stendhal lui-même par l'esprit d'analyse et rappelons-nous la diversité des influences qu'il a subies. C'est un philosophe et c'est un idéologue. Son goût le plus vif est de découvrir les motifs des actions des hommes, et, comme il a lu Helvétius, ces motifs se réduisent pour lui au seul plaisir. Ce qui l'intéresse dans un homme, c'est sa façon d'aller à la chasse du bonheur. Il répondait gravement à un provin-

cial qui l'interrogeait sur sa profession : «...ob-
servateur du cœur humain...» Nécessairement,
c'est par son propre cœur qu'il commence cette
étude. Mais, en même temps qu'il est philosophe, il est viveur et il est soldat. Cette union
est singulière, et de celles qui doivent produire
des combinaisons singulières de sentiments.
D'habitude, en effet, les curieux de psychologie mènent une existence de cabinet, tandis
que les hommes de passion et qui agissent,
méprisent la psychologie ou bien l'ignorent.
Celui-ci, grâce aux hasards de sa destinée,
réfléchit tout ensemble comme les premiers,
et, comme les seconds, traverse des hasards de
toute nature. C'est un savant qui a des femmes
et qui fait la guerre. A ce double jeu de ses
facultés, il trouve des frissons de plaisir et de
tristesse, dont la description n'est pas dans les
livres. Il s'invente des émotions encore iné-
dites. S'il est amoureux, et si sa maîtresse lui
donne une marque de tendresse exquise, il a
deux bonheurs : d'abord parce que cette tendresse lui est précieuse, et aussi parce qu'il se
rend compte, avec une pénétration de confes-
seur, du secret travail du cœur qui l'a déter-
minée. Il regarde jouer le petit mouvement

intérieur de l'horloge qui lui a sonné l'heure douce. Et il écrit à cette maîtresse aimée : « Que j'ai été heureux l'autre jour, ma chère ange, tu avais oublié tous les préjugés qui te viennent de ta voiture... » Phrase singulière au premier instant, délicieuse au second, car l'amant qui a écrit cette ligne trahit ainsi avec quelle délicatesse de thermomètre trop sensible il se plonge dans la pensée de celle qu'il aime, pour en noter les plus fines variations. S'il court un danger, comme de risquer sa vie à Bautzen, il se rend compte avec une lucidité parfaite des frémissements de ses nerfs, et il s'explique les raisons de cette angoisse enivrante,— combien enivrante, pour que ceux qui l'ont connue la regrettent toujours dans la sécurité des années de paix ! « Le plaisir, écrit Beyle, consiste à ce qu'on est un peu ému par la certitude qu'on a que là se passe une chose qu'on sait être terrible... » S'il se trouve en détresse, comme à l'époque de la retraite de Moscou, parmi la panique et la sauvagerie de toute une armée, il s'administre des réactifs d'un ordre tout spécial : « Je lus quelques lignes d'une traduction anglaise de *Virginie,* qui, au milieu de la grossièreté générale, me rendit un peu de vie morale... » Et encore à un ami : « J'ai besoin d'imagination; achète-moi, je t'en prie, les *Martyrs* de M. de Chateaubriand... » S'il se raidit contre une peine accablante et tend tous les muscles de sa volonté, il le fait, comme un médecin soigne ses maladies, avec une merveilleuse entente de son anatomie intérieure : « Lorsque le malheur arrive, il n'y a qu'un moyen de lui casser la pointe, c'est de lui opposer le plus vif courage. L'âme jouit de sa force, et la regarde, au lieu de regarder le malheur et d'en sentir amèrement tous les détails... » L'auteur de l'*Éthique* n'aurait pas dit mieux[1], mais l'auteur de l'*Éthique* voyait les passions, comme un géomètre voit les corps, dans leur figure idéale et du fond de sa chambre solitaire, au lieu que Beyle calcule et médite au milieu de ces passions mêmes, et comme un peintre qui copie un modèle d'après nature. Il mène une vie d'officier en demi-solde, rencontrant des aventures et en profitant, toujours en

---

1. *Éthique*, partie III, proposition 53. « Cum Mens se ipsam suamque agendi potentiam contemplatur, lætatur, et eò magis quò se suamque agendi potentiam distinctius imaginatur. » M. Taine, dans une étude sur *le Rouge et le Noir*, avait déjà noté une curieuse analogie entre une phrase de Stendhal et un théorème de Spinoza.

présence d'émotions réelles, et en redoublant
la réalité par une conscience acharnée de leur
détail. Quand il spécule sur l'amour, ce n'est
pas un amour abstrait qu'il a sous le microscope de sa curiosité. Il voit un certain sourire
de femme et une certaine couleur des yeux :

> Il existe un bleu dont je meurs
> Parce qu'il est dans des prunelles...

Il est vivant aussi et dans des prunelles dont
il a contemplé tous les regards, ce bleu qui
torture ou qui ravit Beyle. S'il spécule sur le
danger, il entend une canonnade réelle et qui
tue des personnes qu'il connaît, qui peut le
tuer, lui qui respire, lui qui pense à ce coup de
canon et qui met la main sur sa poitrine pour
compter les battements de son cœur. L'analyse ici donne un coup de fouet à la sensation,
et si ce coup de fouet cingle les nerfs de tous
les personnages que Beyle nous décrit, c'est
que lui-même en avait éprouvé les cuisantes
délices. Et si nous aimons, nous, ces personnages, c'est qu'ils sont nos frères par ce mélange, presque impossible avant notre XIXe siècle
si compliqué, de naturel et de raffinement, de

réflexion et de sincérité, d'enthousiasme et d'ironie !

Nous avons beau nous rébeller là contre et réveiller en nous, fût-ce avec fureur, ce que le langage vulgaire appelle l'être naturel, ce que le langage exact appelle l'être instinctif, nous ne pouvons pas débarrasser notre cerveau de la pression formidable des tendances héréditaires et des connaissances acquises. Nous ne pouvons pas plus vivre dans l'inconscience, que nous ne pouvons nous façonner une physionomie immobile et sereine de statue grecque. Les enfants qui naissent parmi nous ont déjà dans les rides de leur petit visage, et dans les plis de leurs inertes mains, l'empreinte définie d'un caractère. Ils bégayent, et la langue que leur nourrice leur apprend est déjà un instrument d'analyse affiné par des siècles de civilisation. Ils grandissent, et les livres d'étrennes qu'ils feuillettent les dressent déjà aux reploiements de la conscience sur elle-même. Aucun contrepoids ne vient corriger ce que cette hérédité, jointe à cette éducation, imprime de profondément retors à la pensée. Les événements, autour de l'adolescence, se font de plus en plus rares. La spontanéité rencontre de moins

en moins l'occasion de s'exercer. A vingt ans
donc, et lorsqu'au sortir de la lettre écrite nous
abordons la vie, que nous le voulions ou non,
notre âme est subtile et complexe, notre sensibilité n'est pas simple. Les moralistes peuvent
déclamer contre les précocités de l'esprit de
recherche. Les artistes, amoureux de la vie
plus large, peuvent réagir contre les mièvre-
ries du cœur que cette recherche produit, et
par réaction se ruer jusqu'à la brutalité grossière. Les scrupuleux enfin, et les délicats peuvent considérer l'analyse comme un élément
meurtrier de toute naïveté ou de toute sincérité. Il est des natures riches, bien au contraire,
pour lesquelles cette analyse est simplement
une occasion de porter une végétation de sentiments inconnus. Dans ces âmes d'élite, l'extrême développement des idées n'est pas mortel
à l'intense développement des passions; au
lieu de résister à l'esprit d'analyse, elles s'y
abandonnent, elles se complaisent à donner
au sentiment l'amplitude d'une pensée. La
fièvre cérébrale se surajoute pour elles à la
poussée de la vie instinctive, sans la ralentir.
Elles aiment d'autant mieux qu'elles savent
qu'elles aiment, elles jouissent d'autant plus

qu'elles savent qu'elles jouissent. C'est parmi
ces âmes que se recrute la légion des grands
artistes modernes, et si nous sommes les rivaux
des siècles plus jeunes, c'est par quelques œuvres où ces âmes ont fixé un peu de l'Idéal singulier qui flotte devant elles, mirage douloureux et sublime, dont les anges et les prophètes
du plus profond visionnaire de la Renaissance,
Léonard de Vinci, paraissent déjà éprouver les
affres alliciantes. Il y a du Vinci dans Beyle,
comme dans M. Renan, comme dans Baudelaire, comme dans Henri Heine, comme dans
tous les épicuriens mélancoliques de cet âge
étrange, où les métaux les plus précieux de la
civilisation et de la nature se fondent, dans la
tête des tout jeunes hommes, ainsi qu'en un
creuset incandescent et intelligent; — qu'importe que, parfois, ces métaux s'y vaporisent!

Parce que les âmes d'élite sont seules capables de se prêter à ces redoutables expériences,
et parce que seules elles concilient en elle des
activités contradictoires, Beyle a été conduit à
ne peindre guère dans ses romans que des créatures supérieures. Cela explique pourquoi ces
romans ont choqué d'abord. J'entendais un
jour le plus fameux des conteurs russes,

M. Tourgueneff, développer cette doctrine qu'un récit romanesque doit, afin de reproduire les couches diverses de la société, se distribuer, pour ainsi dire, en trois plans superposés. Au premier de ces trois plans appartiennent, — et c'est aussi leur place dans la vie, — les créatures très distinguées, exemplaires tout à fait réussis, et, par conséquent, typiques, de toute une espèce sociale. Au second plan, se trouvent les créatures moyennes, telles que la nature et la société en fournissent à foison ; au troisième plan, les grotesques et les avortés, inévitable déchet de la cruelle expérience. Cette ingénieuse théorie peut être généralisée davantage encore et servir au classement de ces Faiseurs d'âmes qui sont les romanciers, les dramaturges et les historiens de tous les temps. Selon qu'ils se montrent, en effet, capables de peindre ou un seul, ou deux, d'entre ces trois groupes de personnages, ou bien tous les trois, ils présentent un tableau ou incomplet ou total de la vie humaine, et occupent un rang différent dans l'échelle des esprits. Nous reconnaîtrons ainsi une première classe de psychologues, capables uniquement de montrer les grotesques et les avortés. C'est le propre des écoles dites assez improprement réalistes, car la réalité touffue et opulente, pas plus dans la vie morale que dans la vie physique, n'a pour règle unique l'avortement. Les psychologues de cette classe sont les satiriques et les caricaturistes. L'amertume ou le comique sont leurs qualités habituelles. Ils abondent surtout au déclin des civilisations, lorsque les races, à la fois cultivées et fatiguées, fournissent une quantité plus considérable d'ambitieux vaincus ou de rêveurs mutilés. Au-dessus de ces aquafortistes de la laideur et de la trivialité, apparaît la classe des moralistes qui voient nettement et qui dépeignent de même les personnages de valeur moyenne. On aura, dans l'*Éducation sentimentale* de Flaubert, un modèle achevé de cette psychologie à hauteur d'appui, à laquelle Molière et La Bruyère, pour citer deux noms fameux, ont été fidèles. Ces écrivains, qui sont particulièrement dans notre tradition française, concluraient volontiers comme Candide que la sagesse suprême se réduit à « cultiver notre jardin. » Ils viennent, me semble-t-il, du moins au point de vue de la philosophie générale auquel je me suis mis, exactement au-dessous des tout grands connaisseurs en passions qui, comme Shakespeare, comme Saint-Simon, comme Balzac, ne se contentent pas d'esquisser avec une énergie incomparable les déformations sociales, et de mettre sur pied avec une parfaite justesse des êtres moyens, mais sont encore assez puissants pour créer des hommes supérieurs. Chez ces derniers, l'art est vraiment le rival de la nature. Dans leurs livres comme dans la vie, il y a place pour un plat coquin et pour un magnifique scélérat, pour un bourgeois paisible et pour un inventeur de génie. Grâce à une anomalie qui s'explique par les spécialités de son caractère et les intentions de son esthétique, Stendhal s'est à peu près condamné à ne peindre, lui, que des créatures supérieures. Son Octave de Malivert, son Julien Sorel, son Fabrice del Dongo, son Mosca, sa Mathilde de la Môle, sa duchesse de San Severino Taxis, ont, comme lui, des facultés qui les mettent hors de pair. Ils n'en sont pas moins réels pour cela, mais d'une réalité qui n'est pas plus commune que la sensibilité de leur père spirituel ne le fut elle-même. Il avait raison de dire en parlant d'eux : « *tout mon monde.* »

Oui, son monde, mais aussi, à mesure que

nous avançons, notre monde. Les sentiments compliqués que Beyle a donnés à ce monde conçu d'après sa propre image ne deviennent-ils pas de jour en jour moins exceptionnels? Si l'on veut bien réfléchir à la signification de ce terme : Un être supérieur, on trouvera qu'il résume une ou plusieurs découvertes dans la façon de penser et de sentir. Une fois traduites dans des œuvres d'art, ces découvertes deviennent un objet d'imitation pour d'autres êtres. C'est ainsi, — et je m'en tiendrai à deux écrivains que j'ai étudiés dans ce livre, — c'est ainsi que Charles Baudelaire et M. Renan ont, l'un et l'autre, en creusant leur cœur, inventé deux manières, jusqu'à eux inconnues, de pratiquer, le premier le libertinage et le second le dilettantisme. Ils ont raconté leur rêve nouveau des voluptés de la chair et de l'esprit dans des pages singulièrement hardies, qui ont éveillé, chez des âmes analogues et moins personnelles, des curiosités tentatrices. Ces âmes à la suite, — si l'on peut dire, — sont en train de s'approprier quelque chose de ce qui fut, à une heure aujourd'hui passée, l'originalité suprême de l'auteur des *Fleurs du Mal* et de la *Vie de Jésus*. Pareillement, les nuances de sensibilité que Stendhal a copiées d'après sa vie intime lorsqu'il a composé les physionomies de ses héros, se sont faites moins rares à mesure que ses romans gagnaient des adeptes. Tout en demeurant typiques, et par conséquent très élevés, ses héros se dépouillent de cette sorte d'étrangeté, si exceptionnelle qu'elle en fut effrayante, dont ils apparurent revêtus au regard des premiers lecteurs. C'est le privilège des auteurs qui se mettent tout entiers dans leurs livres avec ce qu'ils ont, dans leur cœur, de sentiments très inattendus, qu'ils fournissent ainsi matière à des contre-épreuves de la médaille sans module connu qu'ils ont les premiers frappée. Nous allons voir tout à l'heure que, dans une au moins de ses études sur sa propre sensibilité, Stendhal a si fortement éclairé une des faces de la vie française de notre temps, que cette étude, lancée d'abord dans le silence de la critique sous ce titre bizarre de *Rouge et Noir*, a pris place, petit à petit, dans le groupe de livres que ce même Sainte-Beuve, si parfaitement inique pour le Maître romancier, appelait les Bibles du XIXe siècle.

III

LE COSMOPOLITISME DE BEYLE

Poussé très loin, l'esprit d'analyse aboutit nécessairement au dilettantisme. Les mêmes lois régissent la vie de notre esprit et la vie de notre corps. Nous avons les besoins de nos facultés, comme nous avons les besoins de nos organes. Qui a la puissance d'analyser recherche et provoque les occasions d'analyser, multiplie les expériences, se prête aux émotions, complique ses plaisirs, raffine ses tristesses ; manège sentimental qui, peu à peu, transforme l'analyseur en dilettante. Ce dilettantisme revêt des formes diverses suivant les caractères et les époques. Une forme sinon tout à fait neuve, au moins très renouvelée, est celle qui résulte de l'habituelle fréquentation des pays étrangers. Des voyages nombreux à la suite des armées impériales, puis un séjour prolongé en Italie, conduisirent Beyle à ressembler au prince de Ligne, ce grand seigneur européen qui disait avec la plus charmante fatuité : « Il a toujours été à la mode de me bien traiter partout et j'ai éprouvé des choses agréables de plusieurs pays. J'ai six ou sept patries : Empire, France, Flandre, Autriche, Pologne, Russie et presque Hongrie... » Beyle avait si bien le sentiment de ce cosmopolitisme voluptueux, qu'il adopta comme sa devise propre ce vers d'un opéra bouffe, aujourd'hui oublié, mais qu'il proclame exquis, *I pretendenti delusi :* « *Vengo adesso di Cosmopoli.* — Je viens à présent de Cosmopolis... » Il ajoutait, parlant de lui-même et de quelques compagnons privilégiés : « Nous sommes bien loin du patriotisme exclusif des Anglais. Le monde se divise à nos yeux en deux moitiés, à la vérité fort inégales, les sots et les fripons d'un côté, et de l'autre, les êtres privilégiés auxquels le hasard a donné une âme noble et un peu d'esprit. Nous nous sentons les compatriotes de ces gens-là, qu'ils soient nés à Villetri ou à Saint-Omer... » Il citait souvent cette maxime, tirée d'un petit volume du siècle dernier : « L'univers est une espèce de livre dont on n'a lu que la première page, quand on n'a vu que son pays. » Il vécut donc une vie errante ;

mais il la vécut avec le tour particulier d'intelligence que ses constantes habitudes d'analyse
avaient façonné. Son ami Colomb rapporte
une anecdote qui prouverait seule comment
Beyle exploitait, au profit de sa curiosité philosophique, même les circonstances les plus
éloignées de toute philosophie. Il obtint la per-
mission de faire la campagne de Russie,
comme auditeur, délégué au département des
vivres. Le voilà qui s'attache, dans l'intervalle
de ses écritures officielles, à l'examen physiologique de ces masses d'hommes, soldats de
toute arme, de tout âge et de toute nation, qui
composaient la Grande Armée. Sur les bords
du Niémen et à la veille de partir pour Moscou,
il vérifie les observations de Cabanis sur les
tempéraments, et le résultat de cette expérience fut consigné dans neuf chapitres de
l'*Histoire de la peinture en Italie* (92 à 100).
« Fatigué de vaines conjectures sur le sombre
avenir que j'apercevais au fond des plaines
sans fin de la Russie, je revins aux connaissances positives, ressource assurée contre toutes
les fortunes. J'avais un volume de Cabanis,
et devinant ses idées à travers ses phrases, je
cherchais des exemples dans les figures de tant

de soldats qui passaient auprès de moi en chantant, et quelquefois s'arrêtaient un instant lorsque le pont était encombré... »

Un homme que dominent de telles réflexions voyage d'une manière tout à fait personnelle. D'ordinaire, nous nous déplaçons, pour être ailleurs, parce que nos habitudes nous lassent et que nous espérons rajeunir nos sensations, en abandonnant pour quelques semaines ou quelques mois un milieu qui ne nous est plus suggestif de plaisirs aigus ou de peines attachantes. Nous mettons notre existence de tous les jours en jachère, pour la retrouver féconde au retour. Ou bien nous avons étudié par avance un pays, et nous désirons passer de la lettre écrite au fait direct. Nous voulons éprouver le livre par la vie, et doubler notre érudition de seconde main par des constatations plus immédiates. La première de ces deux méthodes de voyage est celle des oisifs, la seconde est celle des savants : historiens ou critiques d'art, écrivains ou simples amateurs Il en est une troisième, qui est proprement celle du psychologue. Elle est difficile à pratiquer, car elle suppose la faculté, si rare, de s'inventer des plaisirs, et la faculté, plus rare encore, d'interpréter ces plaisirs. Elle consiste à soumettre sa personne à la pression d'un pays nouveau, comme un chimiste soumet un corps à la pression d'une température nouvelle, en observant avec une entière absence de parti pris les petites jouissances et les petites souffrances que cette nouveauté emporte avec elle... J'imagine que vous avez pris ce matin l'express de Boulogne pour passer de là en Angleterre, laissant derrière vous votre appartement de Paris, façonné, depuis des jours et des jours, à la mesure de votre sensibilité de Français du xixe siècle ; et, bonne ou mauvaise, étroite ou compréhensive, vous n'avez pas fait d'efforts pour abdiquer une minute cette sensibilité, qui est la vôtre. Efforts d'ailleurs stériles, abdication d'ailleurs impossible, puisque nous sentons comme nous respirons, comme nous avons la main longue ou courte, d'une façon nécessaire et irréparable. Le long de la route, au lieu de lire des livres sur l'Angleterre, qui vous infligeraient d'avance une impression ou favorable ou défavorable, mais, en tout cas, impersonnelle et prématurée, vous avez parcouru les journaux de France, songé à vos amis de Paris, au détail de votre vie de salon ou de boulevard... Le paquebot siffle et souffle, fendant l'eau verte, qui écume. Les mouettes volent. Le vent fait s'éparpiller l'embrun. A l'horizon, la ligne basse de la côte apparaît, puis le petit port, où les énormes bateaux profilent leurs cheminées dans cette brume humide, comme peuplée d'invisibles atomes de charbon, qui semble toujours peser sur la grande île. Vous avez laissé vos compagnons monter dans le train qui court de Folkestone sur Londres, et vous allez, vous, de petite ville en petite ville, mangeant à la table d'hôte, vous promenant par les rues, entrant dans les marchés, causant avec toutes les sortes de gens que les hasards vous font connaître. Vous errez sur les chaussées désertes, le matin, quand des centaines de servantes hâtives nettoient à grande eau les maisons coquettes dont les fenêtres, garnies de carreaux à guillotine, bombent sur un jardinet planté de roses. Dans l'après-midi, vous pouvez suivre les lentes et longues parties de *cricket* qui s'engagent, sur les gazons du jardin public, entre des athlètes en maillot blanc et en savates claires. Vous écoutez les musiciens, vêtus d'uniformes rouges, lancer à coups d'instruments de cuivre les notes du *God*

save the Queen ; et le soir, au théâtre, les ac-
trices filer, de leurs voix rauques, des couplets
remplis d'allusions à la politique du temps.
Quand c'est le dimanche, vous entrez à l'office
avec les sérieux personnages coiffés de chapeaux de haute forme. Vous suivez dans le livre
les hymnes que la foule entonne. Vous écoutez
le sermon du prédicateur, comme vous avez lu
la veille la gazette de l'endroit, comme vous
avez, un autre jour, parcouru un volume du
roman à la mode. Après quelques semaines de
cette épreuve tentée avec bonne foi, vos nerfs de
Français et de Parisien auront été secoués
d'une secousse, ou pénible ou agréable, assurément imprévue. Si votre situation sociale ou
votre bonne chance vous permettent de frayer
avec des habitants des coquettes maisons ou
des châteaux d'une façon plus intime, et si
vous pouvez vous associer à leurs distractions,
comprendre leurs travaux, discuter leurs idées,
vous achèverez de vous procurer une série de
sensations anglaises ; j'entends par là que
l'existence anglaise, ses particularités et ses
différences, seront pour votre âme, accoutu-
mée à d'autres mœurs, une occasion de goûts
et de dégoûts d'un ordre unique. Vous ne se-

rez peut-être pas capable d'écrire sur cette existence anglaise, dix pages qui aient de la portée, ni surtout qui aient de la proportion. Qu'importe! Votre but n'était point de connaître en économiste une contrée nouvelle; votre affaire était de vous approprier quelque chose de cette somme énorme de plaisirs possibles qu'une société entasse sur ces comptoirs. Byron disait: « Je suce les livres comme des fleurs. » Il aurait pu en dire autant de ces livres vivants qui sont les civilisations étrangères. La fleur a des étamines et un pistil, un nombre et une forme marquée de ses pétales. L'abeille, qui s'engloutit dans la cloche parfumée du calice, ne compte ni ces pétales ni ces étamines. Elle emprunte à la fleur juste de quoi faire son miel, — et le botaniste, lui, sait tout de la plante, excepté l'art d'en jouir comme cette ignorante abeille...!

Stendhal voyagea ainsi en Angleterre où il se déplut. Deux lettres de 1826 en donnent la raison. « Les Anglais, écrit il, sont victimes du travail... Ce malheureux ouvrier, ce paysan qui travaille, n'ont pour eux que le dimanche. Or, la religion des Anglais défend toute espèce de plaisir le dimanche, et a réussi à rendre ce jour le plus triste du monde. C'est à peu près le plus grand mal qu'une religion puisse faire à un peuple qui, les six autres jours de la semaine, est écrasé de travail... » Il voyagea ainsi en Allemagne et ce lui fut un supplice. « J'ai mis deux ans à désapprendre cette langue, » a-t-il dit quelque part. Il voyagea ainsi en Italie et ce lui fut une ivresse. Il fallut la vie administrative et le séjour à poste fixe au consulat de Civita-Vecchia pour le blaser sur les sensations italiennes. « Quoi ! s'écriait-il, vieillir à Civita-Vecchia, ou même à Rome, — j'ai tant vu le soleil !... » Mais quand il fit ses premières excursions à travers les sites du doux pays, excursions dont les notes à peine postdatées composent le volume de *Rome, Naples et Florence*, il était dans la pleine ferveur de sa découverte d'un univers inédit, et il terminait ainsi le manuscrit : « Présenté en toute humilité à M. H. B..., âgé de trente-huit ans, qui vivra peut-être en 1821, par son très humble serviteur, plus gai que lui, le H. B... de 1811. » On doit lire ce journal pour constater combien le voyageur est personnel et prend à la contrée qu'il traverse précisément de quoi nourrir son besoin d'impressions nouvelles, — mais rien de plus. Si le ciel se gâte, il dit franchement : « Rien pour le cœur, le vent du Nord m'empêche d'avoir du plaisir... » Si une forme de voiture lui plaît, il y prend bien garde : « *Imola, 15 mai*. Je voyage en *sediola* au clair de la lune... » Si un mince détail d'installation lui est antipathique, il le marque : « Je ne puis obtenir, au café du Palais Rospoli, en payant bien chaque fois, de me faire essuyer la table sur laquelle on me sert. Les garçons servent comme par grâce, ils se regardent comme les plus malheureux des hommes d'être obligés de remuer... » Si un de ses amis improvisés lui donne un conseil tout à fait local, il le suit : « Un de mes nouveaux amis, me rencontrant un de ces soirs, me dit: Allez-vous quelquefois, après dîner, chez la D...? — Non. — Vous faites mal : il faut y aller à six heures : *qualche volta si busca una tazza di caffé* (quelquefois on y accroche une tasse de café). Ce mot m'a fait rire pendant trois jours. Ensuite, pour mortifier mon étrangeté, je me suis mis à aller fréquemment après dîner chez Mme D...; et, dans le fait, souvent, par ce moyen, j'ai épargné les vingt centimes que coûte une tasse de café... » Cette sincérité absolue, cet héroïque et personnel aveu du minuscule ennui ou de la petite distraction actuelle, ont bientôt fait de procurer à celui qui s'abandonne ainsi aux bonnes et aux mauvaises fortunes de l'heure, un goût très vif et très original du milieu exotique où il va et vient, — sans cesser pour cela d'être lui-même.

Il a fallu, pour qu'une telle disposition d'esprit devînt possible, d'abord que les voyages fussent plus aisés, et aussi que la somme des préjugés nationaux fût plus faible. Aujourd'hui que l'une et l'autre condition se trouve remplie, un assez grand nombre de personnes se font, comme Beyle, à des degrés et dans des nuances qui varient suivant les fortunes et suivant les tempéraments, des centres de sensations exotiques. Peu à peu et grâce à une rencontre inévitable de ces divers adeptes de la vie cosmopolite, une société européenne se constitue, aristocratie d'un ordre particulier dont les mœurs complexes n'ont pas eu leur peintre définitif. Des femmes la composent, qui passent la saison à Londres, prennent les eaux en Allemagne, hivernent en Italie, se retrouvent à Paris avec le printemps, parlent quatre langues, connaissent et apprécient plusieurs sortes d'arts et de littératures. Des hommes y font figure qui ont dîné ou causé avec les personnages importants de chaque pays et dans le pays même, sont reçus dans des salons et des châteaux distants les uns des autres de plusieurs centaines de lieues, lisent les poètes anglais comme les poètes italiens, écrivent parfois dans deux et dans trois langues et mènent, à la lettre, plusieurs existences. Quoique le caractère casanier des Français, et surtout leur état social, répugnent à ce dilettantisme du vagabondage, on citerait parmi les membres de cet *European-Club* flottant et composite plus d'un de nos compatriotes. Quelques-uns des meilleurs livres qu'ait produits notre xixe siècle sont dus aussi à l'expérience de cette sorte de vie. Ceux de Stendhal sont parmi les principaux.

C'est une question de savoir si cet esprit cosmopolite, dont le progrès va s'accélérant sous la pression de tant de causes, est aussi profitable qu'il est dangereux. Le moraliste qui considère la société comme une usine à produire des hommes, est obligé de reconnaître que les nations perdent beaucoup plus qu'elles ne gagnent à se mêler les unes aux autres et que les races surtout perdent beaucoup plus qu'elles ne gagnent à quitter le coin de terre où elles ont grandi. Ce que nous pouvons appeler proprement une famille, au vieux et beau sens du mot, a toujours été constitué, au moins dans notre Occident, par une longue vie héréditaire sur un même coin du sol. Pour que la plante humaine croisse solide, et capable de porter des rejetons plus solides encore, il est nécessaire qu'elle absorbe en elle, par un travail puissant, quotidien et obscur, toute la sève physique et morale d'un endroit unique. Il faut qu'un climat passe dans notre sang, avec sa poésie ou douce ou sauvage, avec les vertus qu'engendre et qu'entretient un effort continu contre une même somme de mêmes difficultés. Cette vérité n'est guère en faveur dans notre monde moderne, qui se fait de plus en plus improvisateur et momentané. Qu'on réfléchisse seulement, pour en apercevoir la portée, aux conditions de naissance des œuvres d'art. Presque toujours un grand écrivain ou un grand peintre a poussé sur une place natale, à laquelle il revient lorsqu'il veut donner à son idéal une saveur de vie profonde, et les œuvres de ceux à qui ce sol a manqué, manquent souvent de cette saveur et de cette profondeur. Les Grecs et les Italiens n'ont offert le spectacle de leur incomparable fécondité qu'en raison même de l'abondance des petites patries et des cités étroites. L'homme est un être d'habitude qui n'est vraiment créateur qu'à la condition d'accumuler en lui une longue succession d'efforts identiques, et c'est pour cela que les fortes races ont toujours eu des commencements monotones, des mœurs étroites, un respect superstitieux de la tradition, une défiance rigoureuse de la nouveauté.

Il arrive une heure dans l'histoire des sociétés où cette discipline féconde, mais peu subtile, a produit un capital de facultés dont le civilisé jouit, sans s'inquiéter de savoir comment il lui est venu, à la façon de ces fils de grande maison qui n'augmentent plus leur fortune. Le sens exquis des plaisirs d'aujourd'hui remplace alors le sens profond de la vigueur de demain. La haute société contemporaine, j'entends par là celle qui se recrute parmi les représentants les plus raffinés de la délicate culture, est parvenue à cette heure, coupable

peut-être, à coup sûr délicieuse, où le dilettantisme remplace l'action ; — heure de curiosité volontiers stérile ; heure d'échanges d'i-
dées et d'échanges de mœurs. Une évolution
fatale attire les provinces vers les grandes villes
et par-dessus les grandes villes fait flotter, —
comme la Lupata de Swift, — une cité vague
et supérieure, patrie des curiosités suprêmes,
des vastes théories générales, de la savante
critique et de l'indifférence compréhensive.
C'est encore ici une des formes de ce que l'on
est convenu de nommer la décadence. Stendhal
fut un des apôtres de cette forme et un des ouvriers de cette décadence. C'est pour cela que
nous aimons sa littérature. C'est probablement
une loi que les sociétés barbares tendent de
toutes leurs forces à un état de conscience
qu'elles décorent du titre de civilisation, et
qu'à peine cette conscience atteinte la puissance de la vie tarisse en elles. Les Orientaux
disent souvent : Quand la maison est prête la
mort entre... — Que cette visiteuse inévitable
trouve du moins notre maison, à nous, parée
de fleurs !

IV

LE ROUGE ET LE NOIR

J'ai dit que sa puissance d'analyse, sa sensibilité frémissante et la multiplicité de ses expériences, avaient conduit Beyle à concevoir et à exprimer quelques vérités profondes sur la France du XIX⁰ siècle. *Le Rouge et le Noir* renferme l'énoncé le plus complet de ces vérités, — livre extraordinaire, et que j'ai vu produire sur certains cerveaux de jeunes gens l'effet d'une intoxication inguérissable. Quand ce roman ne révolte pas, il ensorcelle. C'est une possession comparable à celle de la *Comédie humaine*. Mais Balzac a eu besoin de quarante volumes pour mettre sur pied le peuple de ses personnages. Il peint à fresque et sur le pan de mur d'un palais. *Le Rouge et le Noir* n'a pas cinq cents pages. C'est une eau-forte, mais d'un détail infini, et dans la courte dimension de cette eau-forte un univers tient tout entier. Que dis-je? Pour les maniaques de ce chef-d'œuvre, les moindres traits sont un

univers. Si j'écrivais de la critique par anecdotes, au lieu d'écrire une étude de psychologie mi-sociale, mi-littéraire, par idées générales
et larges hypothèses, je raconterais d'étranges
causeries entre écrivains connus, dont les cita-
tions de ces petites phrases, sèches et rèches
comme les formules du code, faisaient toute la
matière. L'un disait : « *M. de la Vernaye serait
à vos pieds...* » L'autre continuait : « *éperdu
de reconnaissance...* » C'était à qui surprendrait
son confrère en flagrant délit d'ignorance d'un
des adjectifs du livre. Je donne le fait pour ce
qu'il vaut. Il est exceptionnel, mais l'exception
s'est, à ma connaissance, produite une dizaine
de fois, et témoigne de l'intensité de séduction
que ce roman possède. Au regard de l'analyse, la bizarrerie de ces engouements n'est
qu'une garantie de plus de leur sincérité. Pour
qu'un homme de quarante ans, et qui a vécu,
se souvienne d'un livre au point d'en subir la
hantise, il faut que ce livre aille bien au fond
des choses humaines ou tout au moins contemporaines, et qu'il soit explicatif d'une quantité considérable de caractères et de passions.

Si je ne me trompe, le point de départ de
Rouge et Noir a été fourni à Beyle par une

continue et dure expérience de la solitude intime. Le mot société lui parut, très jeune, étiqueter une duperie et masquer une exploitation. Son enfance fut malheureuse, son adolescence tourmentée. Il avait perdu sa mère. Il haïssait son père et il en était haï. Un de ses axiomes favoris fut plus tard que « nos parents et nos maîtres sont nos premiers ennemis quand nous entrons dans le monde ». Avec le beau courage qu'il eut de ses impressions sincères, même condamnées par toutes les vertus ou toutes les hypocrisies, Beyle déclara toujours son invincible répugnance à l'égard des affections obligatoires de la famille. N'est-ce pas dans la *Chartreuse de Parme* que se rencontre cette phrase à propos de Clélia Conti : « Peut-être a-t-elle assez d'esprit, pensait le comte, pour mépriser son père?... » Et dans *le Rouge et le Noir,* quand Julien Sorel, condamné à mort pour un assassinat, reçoit la visite du charpentier dont il a déshonoré le nom, le fils ne trouve d'abord rien à répondre au reproche du vieillard : « Son esprit parcourait rapidement tous les possibles. — *J'ai fait des économies !* s'écriat-il tout d'un coup. — Ce mot de génie changea la physionomie du vieillard et la position de

Julien... Voilà donc l'amour de père! se répétait-il l'âme navrée... » Des férocités pareilles d'imagination prouvent à quelle profondeur l'enfant a été meurtri, pour que la plaie saigne encore dans le cœur de l'homme. Au sortir de cette adolescence cruellement froissée, Beyle fut emporté dans le tourbillon de la tempête napoléonienne. Il connut le sinistre égoïsme des champs de bataille et des déroutes, — égoïsme rendu plus cruel à cette sensibilité souffrante par l'abîme que ses goûts secrets de réflexion et d'art creusaient entre lui et ses compagnons de danger. Plus tard encore et continuant d'observer, mais au centre d'une société pacifique, il constata, sans beaucoup de regret, un antagonisme irréparable entre ses façons de chercher le bonheur et celles de ses concitoyens. Il prit son parti de cette rupture définitive entre les sympathies du monde et sa personne : « Ceci est une nouvelle preuve, écrivait-il à un ami, qu'il n'y a pas d'avantage sans désavantage. Cette prétendue supériorité, si elle n'est que de quelques degrés, vous rendra aimable, vous fera rechercher et vous rendra les hommes nécessaires : voyez Fontenelle. Si elle est plus grande, elle rompt tout rapport

entre les hommes et vous. Voilà la malheureuse position de l'homme soi-disant supérieur,
ou, pour mieux dire, *différent*, c'est là le vrai
terme. Ceux qui l'environnent ne peuvent rien
pour son bonheur... » Orgueilleuse conviction
qui mène celui qui la possède à la scélératesse
aussi bien qu'à l'héroïsme. Se décerner ce bré-
vet de différence, n'est-ce pas s'égaler à toute la
société ? N'est-ce pas du même coup suppri-
mer, pour soi du moins, toutes les obligations
du pacte social ? Et pourquoi respecterions-
nous ce pacte, s'il est l'œuvre de gens avec lesquels nous n'avons rien de commun ? Quel cas
pouvons-nous faire d'une opinion publique
dont nous savons qu'elle est forcément hostile
à ce que nous avons de meilleur en nous ?...
Il n'y a pas loin de ces interrogations à la révolte. Beyle en fut préservé par sa délicatesse
native, et plus encore par son esprit d'analyse
qui lui démontra l'inutilité des luttes à la Byron.
Mais son imagination conçut ce que de telles
idées pouvaient introduire de ravages dans une
tête moins désabusée que la sienne, — et il créa
Julien Sorel.

Pour qu'un type de roman soit très significatif, c'est-à-dire pour qu'il représente un grand

nombre d'êtres semblables à lui, il est nécessaire qu'une idée très essentielle à l'époque ait
présidé à sa création. Or, il se trouve que ce
sentiment de la solitude de l'homme supérieur,
— ou qui se croit tel, — est celui peut-être
qu'une démocratie comme la nôtre produit
avec le plus de facilité. Au premier abord, cette
démocratie paraît très favorable au mérite, et,
de fait, elle ouvre les barrières toutes grandes
à la concurrence des ambitions, en vertu du
principe d'égalité. Mais en vertu de ce principe, elle met l'éducation à la portée du plus
grand nombre. Et cet excès de logique aboutit
à la plus étrange contradiction. Si nous examinons, par exemple, ce qui se produit depuis
cent années dans notre pays, nous reconnaîtrons que tout adolescent de valeur trouve très
aisément des conditions excellentes où se développer. S'il brille dans ses débuts à l'école, il
entre au collège. S'il réussit au collège, il a
une bourse dans un grand lycée. C'est une
conspiration des parents, des maîtres, et volontiers des étrangers, pour que ce sujet distingué,
— comme on dit en style pédagogique, —
atteigne le plus haut degré de sa croissance
intellectuelle. Les études sont finies. Les exa-

mens sont passés. La volte-face est complète.
La conspiration se fait en sens contraire. Car
le nouveau venu trouve une société où les places sont prises, où la concurrence des ambitions, dont je parlais tout à l'heure, est formidable. Si le jeune homme de talents et pauvre
reste en province, en quoi ses talents le servi-
ront-ils, puisque la vie, là, est toute d'habitudes
et fondée sur la propriété? Il vient à Paris, et
il n'a pas un appui. Ses succès d'écolier, qu'on
lui vantait si fort durant son enfance, ne peuvent lui servir qu'à gagner rudement sa vie
dans quelque position subalterne. Quelles
seront ses pensées, si à la supériorité il ne joint
pas la vertu de modestie et celle de patience?
En même temps que l'éducation lui a donné
des facultés, elle lui a donné des appétits, et il
a raison d'avoir ces appétits. Un adolescent
qui a lu et goûté les poètes désire nécessairement de belles, de poétiques amours. S'il a des
nerfs délicats, il souhaite le luxe; s'il en a de
robustes, il souhaite le pouvoir. C'est là un
tempérament tout façonné pour le travail littéraire ou artistique. Mais si notre homme n'est
ni littérateur ni artiste, — et de fortes âmes
sont incapables de cette sagesse désintéressée

qui se guérit de ses rêves en les exprimant, —
quel drame sinistre se jouera en lui ! Il se sen-
tira impuissant dans les faits, grandiose dans
ses désirs. Il verra triomphant qui ne le vaut
pas, et condamnera en bloc un état social qui
semble ne l'avoir élevé que pour mieux l'oppri-
mer, comme le bétail qu'on engraisse pour
mieux l'abattre. Le déclassé apparaît d'abord,
puis le révolutionnaire... « Il faut en convenir,
dit Stendhal à une des pages de son *Rouge et
Noir*, le regard de Julien était atroce, sa physionomie hideuse ; elle respirait le crime sans
alliage : c'était l'homme malheureux en guerre
avec toute la société... »

Cette guerre étrange, et dont les épisodes
mystérieux ensanglantent d'abord le cœur qui
l'engage, tel est le vrai sujet du grand roman
de Beyle. Guerre passionnée et passionnante,
surtout parce que l'auteur a su donner à son
héros un magnifique outillage de supériorités
réelles. L'intelligence de Julien est de premier
ordre. C'est tout simplement celle de Stendhal
lui-même : perspicace et tourmentée, lucide
comme un théorème d'algèbre et mordante
comme un réquisitoire. La volonté de ce jeune
homme est celle d'un soldat qui fait campagne

et qui, préparé tous les jours au suprême danger, n'attache plus de sens au mot peur. En même temps, sa sensibilité toujours à vif saigne au plus léger coup d'épingle. Le voici donc, fils d'un charpentier de petite ville, ayant reçu d'un curé qui s'intéresse à son brillant tour d'esprit une éducation de latiniste. Il a lu le *Mémorial de Sainte Hélène*, et son génie s'est enflammé à suivre l'épopée de ce parvenu prodigieux qui fut l'Empereur. Il entre dans le monde, d'abord comme précepteur chez le maire de sa ville, puis comme boursier au fond du grand séminaire de sa province, enfin, comme secrétaire chez un pair de France. Il sait, par l'exemple de son modèle idéal, le simple lieutenant d'artillerie devenu César, et par les exemples moins éclatants des compagnons de cette incroyable fortune, que tous les privilèges sociaux appartiennent à qui peut les conquérir. Et quels scrupules le retiendraient dans cette conquête ? La morale ? Mais il n'aperçoit autour de lui que dupeurs rapaces et dupes victimées. La pitié pour ses semblables, ce que le christianisme appelle magnifiquement la Charité ? Mais, tout jeune, son père l'a battu, et le richard qu'il sert lui a fait sentir le poids de la dure servitude moderne : le salaire. Le souci de son repos ? Mais son âme frénétique est comme ces puissantes machines auxquelles il faut une certaine quantité de charbon à consommer par jour. Elle a faim et soif de sensations nombreuses, fussent-elles terribles, — et intenses, fussent-elles coupables. Tout aboutit à le transformer en une bête de proie allant à la chasse avec les armes de la civilisation, c'est-à-dire qu'au lieu de frapper il ruse, qu'il masque sa force pour mieux dominer, et qu'il devient hypocrite comme Tartufe, ne pouvant commander comme Bonaparte :

Voilà, je le confesse un abominable homme...,

Ce vers de la comédie de Molière vous arrive aux lèvres, n'est-ce pas ? Stendhal répond en vous démontrant que des qualités de premier ordre ont conduit cet homme à cette conception criminelle de lui-même et de la vie, et que, dans un monde sans tradition, où chaque individu est l'artisan de sa propre fortune, l'excessive concurrence jointe à l'excessif développement de la vie personnelle est la cause

d'exaspérations d'orgueil qui, en temps de
paix, peuvent mener de forts caractères à de
terribles abus de cette force. Beyle écrivait à
une de ses amies, un peu après la publication
de son livre : « Il y a huit jours, j'ai reçu une
lettre dans le genre de la vôtre, et pire encore;
car, vu que Julien est un coquin et que c'est
mon portrait, on se brouille avec moi. Du
temps de l'Empereur, Julien eût été un fort
honnête homme. — J'ai vécu du temps de
l'Empereur. Donc... Mais qu'importe ?... »

Certes, la couleur de la peinture est merveilleuse. J'admire plus encore la force d'analyse
grâce à laquelle Stendhal a dit le dernier mot
sur tout un groupe au moins de ceux que l'on
appelait, après 1830, les enfants du siècle.
Elle défile, mais drapée magnifiquement, mais
auréolée de poésie, dans beaucoup d'œuvres
de cette époque, la légion des mélancoliques
révoltés : le Ruy Blas de Victor Hugo en est,
et son Didier, comme le Rolla de Musset,
comme l'Antony de Dumas. Ceux-là souffrent
d'une nostalgie qui paraît sublime. Le Julien
Sorel de Stendhal souffre de la même nostalgie,
mais il en sait la raison profonde. La cruelle et
froide passion de parvenir lui tord le cœur, et

il se l'avoue. Il se reconnaît les ardeurs implacables du déclassé tout voisin du crime. L'infinie tristesse et la vague désespérance se résolvent en un appétit effréné de jouissances destructrices. Pour comprendre les incendies de la Commune et les effrayantes réapparitions , dans notre vie adoucie, des sauvageries primitives, il faut relire ce livre et en particulier les discussions que Julien engage avec lui-même dans sa prison, quand il attend le jour de mourir. « Il n'y a pas de *droit naturel...* Ce mot n'est qu'une antique niaiserie, bien digne de l'avocat général qui m'a donné chasse l'autre jour et dont l'aïeul a été enrichi par une confiscation de Louis XIV. Il n'y a de *droit* que lorsqu'il y a une loi pour défendre quelque chose sous peine de punition. Avant la loi, il n'y a de *naturel* que la force du lion, ou le besoin de l'être qui a faim, qui a froid ; le *besoin*, en un mot... » Par-dessous les convenances dont notre cerveau est surchargé, par-dessous les principes de conduite que l'éducation incruste dans notre pensée, par-dessous la prudence héréditaire qui fait de nous des animaux domestiqués, voici reparaître le carnassier primitif, farouche et solitaire, emporté par le *struggle for life* comme la nature tout entière. Vous l'avez cru dompté, il n'était qu'endormi; vous l'avez cru apprivoisé, il n'était que lié. Le lien se brise, la bête se réveille, et vous demeurez épouvanté que tant de siècles de civilisation n'aient pas étouffé un seul des germes de la férocité d'autrefois...

« Cette philosophie, — écrit Stendhal lui-même, lorsqu'il commente les dernières réflexions de Julien Sorel, — cette philosophie était peut-être vraie, mais elle était de nature à faire désirer la mort... » Apercevez-vous, à l'extrêmité de cette œuvre, la plus complète que l'auteur ait laissée, poindre l'aube tragique du pessimisme? Elle monte, cette aube de sang et de larmes, et, comme la clarté d'un jour naissant, de proche en proche elle teinte, de ses rouges couleurs, les plus hauts esprits de notre siècle, ceux qui font sommet, ceux vers qui les yeux des hommes de demain se lèvent, — religieusement. J'arrive, dans cette série d'études psychologiques, au cinquième des personnages que je me suis proposé d'analyser.

J'ai examiné un poète, Baudelaire ; j'ai examiné un historien, M. Renan ; j'ai examiné un romancier, Gustave Flaubert ; j'ai examiné un philosophe, M. Taine ; je viens d'examiner un de ces artistes composites, en qui le critique et l'écrivain d'imagination s'unissent étroitement, et j'ai rencontré, chez ces cinq Français de tant de valeur, la même philosophie dégoûtée de l'universel néant. Sensuelle et dépravée chez le premier, subtilisée et comme sublimée chez le second, raisonnée et furieuse chez le troisième, raisonnée aussi mais résignée chez le quatrième, cette philosophie se fait aussi sombre, mais plus courageuse, chez l'auteur de *Rouge et Noir*. Cette formidable nausée des plus magnifiques intelligences devant les vains efforts de la vie a-t-elle raison ? Et l'homme, en se civilisant, n'a-t-il fait vraiment que compliquer sa barbarie et raffiner sa misère ? J'imagine que ceux de nos contemporains que ces problèmes préoccupent sont pareils à moi, et qu'à cette angoissante question ils jettent tantôt une réponse de douleur, tantôt une réponse de foi et d'espérance. C'est encore une solution que de sangler son âme, comme Beyle, et d'opposer aux malaises du doute la

virile énergie de l'homme qui voit l'abîme noir
de la destinée, qui ne sait pas ce que cet abîme
lui cache, — et qui n'a pas peur !

TABLE

4970-35. — Imprimerie D. BARDIN et C⁰, à Saint-Germain.

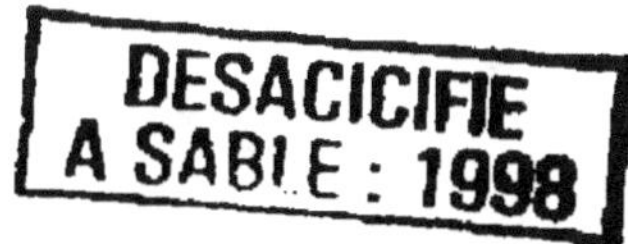